房地产开发企业
税收与会计实务管理

王　馨

编著

Taxation and Accounting Practice Management
for Real Estate Development Enterprises

化学工业出版社
·北京·

内容简介

本书共分9章，讲述了房地产开发企业在财税管理中的基本要点。包括房地产开发企业概述、竞买资金及预售资金使用管理、涉税概述、成本管理、会计核算科目、产品成本会计核算、产品销售环节会计核算、常见税务问题以及土地增值税审核要点。本书可以帮助读者较好地了解房地产开发企业有关财税业务，也能为企业在财税管理方面提供一定的参考。

本书立足于房地产开发企业的行业特点，采用理论化、案例化等方式向读者提供相关的业务知识，适用于房地产开发企业财务人员、税务岗位从业人员、企业高管、提供中介服务的房地产专项团队等，也可作为高校财税专业的教学参考用书。

图书在版编目（CIP）数据

房地产开发企业税收与会计实务管理 ／ 王馨编著. 北京 ： 化学工业出版社，2025. 6. -- ISBN 978-7-122 -47749-1

Ⅰ. F812.423；F299.233.42

中国国家版本馆CIP数据核字第2025NL8478号

责任编辑：王　琰　　　　　　　　文字编辑：罗　锦
责任校对：宋　夏　　　　　　　　装帧设计：张　辉

出版发行：化学工业出版社
　　　　　（北京市东城区青年湖南街13号　邮政编码100011）
印　　装：涿州市般润文化传播有限公司
710mm×1000mm　1/16　印张16¼　字数195千字
2025年8月北京第1版第1次印刷

购书咨询：010-64518888　　　　　售后服务：010-64518899
网　　址：http://www.cip.com.cn
凡购买本书，如有缺损质量问题，本社销售中心负责调换。

定　　价：128.00元

前　言

　　房地产开发企业在经济社会中占据着重要的地位，房地产开发企业具有投资大、周期长的特性。为了规范房地产行业的财税管理，我国陆续颁布了各种规章制度，如《中华人民共和国土地增值税暂行条例》《中华人民共和国土地增值税暂行条例实施细则》《房地产开发经营业务企业所得税处理办法》《企业产品成本核算制度（试行）》《房地产开发企业销售自行开发的房地产项目增值税征收管理暂行办法》等，各地方也制定了相应的制度与规范。

　　目前房地产行业面临着较大的运营管理压力，好的财务管理方式更要在企业管理中体现出自身的价值。本书立足于房地产开发企业的行业特点，采用理论化、案例化等方式，介绍了房地产行业的财税业务，以增强读者对本书内容的理解。本书具有以下特点。

　　① 实战性：本书覆盖地产开发企业全周期财税要点，读者可以参照本书内容并依据企业的实际情况，制定相关的管理规范。

　　② 易于理解：本书采用理论与实务相结合方式，并列举大量的案例，更有利于读者理解房地产开发企业相关的财税业务。

　　③ 风险预警：本书聚焦房地产开发企业财税常见的重点业务领域，提供合规处理方案，防控财税风险，努力帮助企业实现利润最大化目标。

　　本书共9章，讲述了房地产开发企业在财税管理中的基本要点。

第 1 章概要介绍了房地产开发企业的基本概念、设立条件与流程、资质办理、拿地及相关手续办理、成本对象管理、销售类型与业务办理以及不动产登记；第 2 章介绍了竞买资金合规来源的有关规定和预售资金使用管理；第 3 章介绍了房地产开发企业涉税情况，包括契税、增值税、土地增值税、企业所得税等十多个税种；第 4 章介绍了成本管理，包括成本控制、预算管理、资金计划、付款管理、成本管理各环节的关系和信息化系统在成本管理中的应用；第 5 章介绍了会计科目设置及主要会计科目核算内容，并对辅助核算的作用以及辅助核算的设置作了专门说明；第 6 章专门对房地产开发企业占据重要地位的"产品成本"进行了介绍，包括成本的核算对象、成本的归集、分配和结转、主要账务处理等；第 7 章介绍了房地产开发企业产品销售环节会计核算，并用例举方式进一步帮助读者理解相关的业务处理；第 8 章结合案例就常见的税务问题进行介绍，以帮助读者更容易了解到相关业务的税务处理方式、方法；第 9 章介绍了土地增值税有关收入、成本费用、税金等审核要点，以帮助企业做好所开发项目土地增值税日常管理工作，达到土地增值税收入不漏项、扣除项目应扣尽扣的目的，防控税务风险。

本书适用于房地产开发企业财务人员、税务岗位从业人员、企业高管、提供中介服务的房地产专项团队以及高校财税专业师生。

限于时间和水平，书中难免存在纰漏和不足之处，恳请广大读者给予指正。

王　馨
2025 年 6 月

目 录

第7章　房地产开发企业产品销售环节会计核算

第 8 章　房地产开发企业常见税务问题

第 9 章　土地增值税审核要点

第 1 章

· · · · · · ·

房地产开发企业概述

1.1 概念

所谓房地产开发企业，是指从事房地产开发、经营、管理和服务活动，并以营利为目的进行自主经营、独立核算、自负盈亏的经济组织。房地产企业开发的产品与一般企业有所不同，其开发的产品往往是土地、房屋、构筑物及附着物，在经济学上又被称为不动产，这些产品主要用于销售，也有自用或用于出租。

根据国家税务总局关于发布《房地产开发企业销售自行开发的房地产项目增值税征收管理暂行办法》的公告（国家税务总局公告 2016年第 18 号），房地产开发企业销售自行开发的房地产项目，适用该办法。自行开发，是指在依法取得土地使用权的土地上进行基础设施和房屋建设。房地产开发企业以接盘等形式购入未完工的房地产项目继续开发后，以自己的名义立项销售的，属于该办法规定的销售自行开发的房地产项目。

1.2 设立的条件

（1）注册资本要求

房地产开发企业的注册资本必须达到一定数额，以确保公司有足够的资金开展房地产开发业务。根据《城市房地产开发经营管理条例》规定，房地产开发企业的注册资本不得低于 100 万元人民币。

（2）专业技术人员

房地产开发企业必须拥有足够的专业技术人员，包括房地产开发、规划、建筑、工程管理等方面的专业人员。根据《城市房地产开发经营管理条例》规定，房地产开发企业须有 4 名以上持有资格证书的房地产专业、建筑工程专业的专职技术人员，以及 2 名以上持有资格证书的专职会计人员。

（3）经营场所

房地产开发企业必须有固定的经营场所，可以是自有的或租赁的。经营场所的稳定性对于公司管理和业务往来至关重要。

（4）法律、行政法规规定的其他条件

除了上述基本条件外，法律、行政法规还可能规定其他特定条件。根据《城市房地产管理法》规定，房地产开发企业必须具备自己的名称和组织机构，以及其他法律、行政法规规定的其他条件。

1.3　设立的流程

（1）名称预先核准

首先需要向市场监督管理部门申请企业名称预先核准。

（2）提交申请材料

准备好相关材料，包括注册资本证明、专业技术人员资格证书、经营场所证明等，向市场监督管理部门提交设立登记申请。

（3）审核与登记

市场监督管理部门会对提交的材料进行审核，符合条件的会予以登记，并发给营业执照；不符合条件的则不予登记。

1.4　资质办理

（1）房地产开发企业资质等级

根据《房地产开发企业资质管理规定》（2022 年 3 月 2 日中华人民共和国住房和城乡建设部令第 54 号《住房和城乡建设部关于修改〈房地产开发企业资质管理规定〉的决定》第三次修正）第五条规定，房地产开发企业按照企业条件分为一、二两个资质等级。 各资质等级企业的条件如下：

① 一级资质

a. 从事房地产开发经营 5 年以上；

b. 近 3 年房屋建筑面积累计竣工 30 万平方米以上，或者累计完成与此相当的房地产开发投资额；

c. 连续 5 年建筑工程质量合格率达 100%；

d. 上一年房屋建筑施工面积 15 万平方米以上，或者完成与此相当的房地产开发投资额；

e. 有职称的建筑、结构、财务、房地产及有关经济类的专业管理人员不少于 40 人，其中具有中级以上职称的管理人员不少于 20 人，持有专职会计人员不少于 4 人；

f. 工程技术、财务、统计等业务负责人具有相应专业中级以上职称；

g. 具有完善的质量保证体系，商品住宅销售中实行了《住宅质量保证书》和《住宅使用说明书》制度；

h. 未发生过重大工程质量事故。

② 二级资质

a. 有职称的建筑、结构、财务、房地产及有关经济类的专业管理人员不少于 5 人，其中专职会计人员不少于 2 人；

b. 工程技术负责人具有相应专业中级以上职称，财务负责人具有相应专业初级以上职称，配有统计人员；

c. 具有完善的质量保证体系。

另外，根据《房地产开发企业资质管理规定》第六条规定，临时聘用或者兼职的管理、技术人员不得计入企业管理、技术人员总数。

（2）申请核定登记需提供的材料

根据《房地产开发企业资质管理规定》第七条规定，申请核定资质等级的房地产开发企业，应当提交下列材料：

① 一级资质

a. 企业资质等级申报表；

b. 专业管理、技术人员的职称证件；

c. 已开发经营项目的有关材料；

d.《住宅质量保证书》《住宅使用说明书》执行情况报告，建立质量管理制度、具有质量管理部门及相应质量管理人员等质量保证体系情况说明。

② 二级资质

a. 企业资质等级申报表；

b. 专业管理、技术人员的职称证件；

c. 建立质量管理制度、具有质量管理部门及相应质量管理人员等质量保证体系情况说明。

（3）房地产开发企业建筑规模限制

根据《房地产开发企业资质管理规定》第十五条规定，一级资质的房地产开发企业承担房地产项目的建筑规模不受限制；二级资质的房地产开发企业可以承担建筑面积 25 万平方米以下的开发建设项目；各资质等级企业应当在规定的业务范围内从事房地产开发经营业务，不得越级承担任务。

另外，根据《房地产开发企业资质管理规定》第八条规定，资质证书有效期为 3 年。

以上是国家层面的规定，实际工作中，要结合当地的政策做好房地产开发企业资质等级的办理。

此次住房和城乡建设部修改的《房地产开发企业资质管理规定》给企业的工作带来了便利性。

例 1-1 2022 年 7 月，北京市住房和城乡建设委员会《关于进一步做好房地产开发企业资质管理有关工作的通知》政策问答中对《关于进一步做好房地产开发企业资质管理有关工作的通知》出台后本市资质管理政策变化的答复如下：

一是完善了审批路径，企业可选择常规方式办理，也可选择"告知承诺制"方式办理，全面实行网上报件审批和获取电子证书，实现了让数据跑路，让企业少跑腿和足不出户办理业务。二是压缩办理时限，申报材料大幅减少，努力为企业尽早开展业务争取时间。二级资质核定业务市级办理时限由 15 个工作日缩减为 5 个工作日；取消法定代表人和高级管理人员的身份证、取消验资证明、近三年财务报表和统计报表；取消提供施工许可证及竣工验收备案表等项目证明材料。三是在高效服务企业的同时，对开发企业资质条件加强事中事后监管，依法依规开展告知承诺批后核查和双随机检查，对企业违法行为，依法予以行政处罚，追究法律责任。

1.5 拿地及手续办理流程

（1）竞标流程

房地产开发企业首先到土地管理部门网站查看土地招拍挂的公告，

并按照公告要求缴纳保证金。按照公告日期到投标中心进行竞价。

（2）土地取得

房地产开发企业签订《国有土地使用权出让合同》《土地开发建设补偿协议》等，缴纳土地款、契税，办理国有土地使用权证。

（3）项目立项

主要事宜包括撰写房地产开发项目可行性研究报告，申请项目立项。

（4）办理《建设工程规划许可证》《建筑工程施工许可证》

（5）申请预售

房地产开发企业办理《商品房预售许可证》；与客户签订房屋买卖合同时附带《住宅质量保证书》和《住宅使用说明书》。

（6）施工准备

主要事宜包括工程建设项目报建、委托监理单位、施工招投标等。

（7）施工、监理、质量监督管理

主要事宜包括施工、监理、质量监督管理。

（8）房地产开发项目完工后，办理《竣工验收备案表》

1.6　成本对象管理

根据《国家税务总局关于房地产开发企业成本对象管理问题的公告》（国家税务总局公告 2014 年第 35 号）规定，取消了房地产开发企业开发产品计税成本对象事先备案制度。有关要求如下：

① 房地产开发企业应依据计税成本对象确定原则确定已完工开发产品的成本对象，并就确定原则、依据，共同成本分配原则、方法，

以及开发项目基本情况、开发计划等出具专项报告，在开发产品完工当年企业所得税年度纳税申报时，随同《企业所得税年度纳税申报表》一并报送主管税务机关。

房地产开发企业将已确定的成本对象报送主管税务机关后，不得随意调整或相互混淆。如确需调整成本对象的，应就调整的原因、依据和调整前后成本变化情况等出具专项报告，在调整当年企业所得税年度纳税申报时报送主管税务机关。

②房地产开发企业应建立健全成本对象管理制度，合理区分已完工成本对象、在建成本对象和未建成本对象，及时收集、整理、保存成本对象涉及的证据材料，以备税务机关检查。

③各级税务机关要认真清理以前的管理规定，今后不得以任何理由进行变相审批。

主管税务机关应对房地产开发企业报送的成本对象确定专项报告做好归档工作，及时进行分析，加强后续管理。对资料不完整、不规范的，应及时通知房地产开发企业补齐、修正；对成本对象确定不合理或共同成本分配方法不合理的，主管税务机关有权进行合理调整；对成本对象确定情况异常的，主管税务机关应进行专项检查；对不如实出具专项报告或不出具专项报告的，应按《中华人民共和国税收征收管理法》的相关规定进行处理。

1.7　商品房现售与预售

（1）商品房现售

商品房现售，是指房地产开发企业将竣工验收合格的商品房出售给买受人，并由买受人支付房价款的行为。

根据《商品房销售管理办法》第七条规定，商品房现售，应当符合以下条件：

① 现售商品房的房地产开发企业应当具有企业法人营业执照和房地产开发企业资质证书；

② 取得土地使用权证书或者使用土地的批准文件；

③ 持有建设工程规划许可证和施工许可证；

④ 已通过竣工验收；

⑤ 拆迁安置已经落实；

⑥ 供水、供电、供热、燃气、通信等配套基础设施具备交付使用条件，其他配套基础设施和公共设施具备交付使用条件或者已确定施工进度和交付日期；

⑦ 物业管理方案已经落实。

一般情况下，商品房现售无须开立资金监管账户。

（2）商品房预售

商品房预售，是指房地产开发企业将正在建设中的房屋预先出售给承购人，由承购人支付定金或房价款的行为。

根据《城市商品房预售管理办法》第五条规定，商品房预售应当符合下列条件：

① 已交付全部土地使用权出让金，取得土地使用权证书；

② 持有建设工程规划许可证和施工许可证；

③ 按提供预售的商品房计算，投入开发建设的资金达到工程建设总投资的25%以上，并已经确定施工进度和竣工交付日期。

根据《城市商品房预售管理办法》第六条规定，商品房预售实行许可制度。开发企业进行商品房预售，应当向房地产管理部门申请预售许可，取得《商品房预售许可证》。

未取得《商品房预售许可证》的，不得进行商品房预售。

根据《城市商品房预售管理办法》第七条规定，开发企业申请预售许可，应当提交下列证件（复印件）及资料：

① 商品房预售许可申请表；

② 开发企业的《营业执照》和资质证书；

③ 土地使用权证、建设工程规划许可证、施工许可证；

④ 投入开发建设的资金占工程建设总投资的比例符合规定条件的证明；

⑤ 工程施工合同及关于施工进度的说明；

⑥ 商品房预售方案。预售方案应当说明预售商品房的位置、面积、竣工交付日期等内容，并应当附预售商品房分层平面图。

一般情况下，商品房预售须按照申请的《商品房预售许可证》开立对应的资金监管账户，并按资金监管有关规定监督和使用资金。

1.8　商品房销售环节业务

房地产开发企业取得《商品房预售许可证》后，就可以开始进行预售业务。主要包括：

（1）认购手续

① 签订《商品房认购书》。

a.认购书内容：客户信息、房源信息（包括房号、建筑面积、套内面积等）、价格与支付方式、认购定金等。

b.支付定金（认购金）：较销售合同额来说，金额较少，往往几万或者十几万。

② 购房资格审查（如果项目所在地有限购政策）。客户需提供社

保、个税缴纳证明、婚姻证明、户籍证明等。

（2）正式签约手续（网签）

① 签订《商品房销售合同》（现售）或者《商品房预售合同》（预售）。合同内容：客户信息、商品房基本情况、抵押情况、计价方式和价款、付款方式和期限、商品房交付条件、交付时间和手续、违约责任等。

② 客户材料：身份证、户口本、婚姻证明、收入证明（按揭贷款需提供）等。

（3）合同网签备案

开发商通过政府系统提交合同，办理合同联机备案手续，生成备案编号（防止"一房多卖"）。

（4）预告登记

出卖人和买受人申请办理预告登记。预告登记后，未经预告登记的买受人同意，出卖人处分该房屋的，不发生物权效力。它可以从源头上防止"一房二卖"和"先卖后抵"等风险。

已经办理预告登记的房屋，出卖人和买受人若解除合同，应当先行办理注销预告登记手续，再办理注销预售合同联机备案。

（5）办理按揭贷款

① 办理按揭贷款基本材料：身份证、户口本、婚姻证明、收入证明、银行流水、征信报告、首付款发票 / 收据、购房合同等。

② 签署借款合同。客户与银行签订《借款合同》，明确借款金额、利率、还款方式等。

③ 银行放款。银行将贷款直接划入预售资金监管账户，客户开始按月还款。

1.9　不动产登记

我国不动产实行登记管理制度，房地产开发企业常见的登记类型包括预告登记、首次登记和转移登记。

（1）预告登记

预告登记是指当事人在签订买卖房屋或其他不动产物权的协议时，为保障将来实现物权而向登记机关申请的登记。这种登记的主要目的是为了限制债务人处分该不动产，确保债权人将来能够顺利取得物权。

（2）首次登记

首次登记是指房地产企业开发的项目在国有建设用地使用权及房屋所有权方面进行的初次登记（或者称第一次登记），通常被称为"大产证"办理。

（3）转移登记

转移登记是指不动产物权归属发生变化时进行的登记。依据《不动产登记暂行条例实施细则》规定，已经办理不动产首次登记的新建商品房因买卖导致权属发生转移的，当事人可以申请转移登记。

第 2 章

竞买资金及预售资金
使用管理

2.1　竞买资金

竞买资金是竞买人参与土地招拍挂等竞拍活动的资金，一般来说涉及资金较多，资金来源必须合规，以确保竞拍过程的公平性和合法性。

2021 年 9 月 17 日，北京市规划和自然资源委员会发布《关于北京市朝阳区十八里店朝阳港一期土地一级开发项目 1303-685 地块 R2 二类居住用地等 43 宗用地国有建设用地使用权出让公告的补充公告》，针对北京第二批次 43 宗用地出让文件进行了调整及补充。其中，除平谷马常营镇共产房（招标）地块外，要求其余 42 宗地块竞得人 / 中标人须在缴清全部土地出让价款后 2 个工作日内提交购地资金来源说明和能支持"购地资金来源说明"。其中"竞得人用于缴纳地价款资金来源的指向清晰、真实的证明材料"包括：

（1）经营性资金

涉及项目销售的，提交：预售许可证（或销售许可证），已售项目银行流水单，房产项目销售收款进度表。涉及出租收入的，提交：租赁合同，房租收入资金流水单和资金入账进账单。

（2）投资性资金

涉及利润分配的，提交：利润分配决议、分配利润银行进账单、分配利润单位当年的审计报告。涉及其他投资收益的，提交：投资协议、资产凭证、收益证明、银行流水单等。涉及处置或收回投资的，提交：股东（董事）会决议、资产回收清单、处置或收回投资协议。

（3）权益性筹资资金

提交股东会决议、投资协议、变更前后公司章程、变更前后营业执照等。

（4）其他资金

包括但不限于处置资产、偶然所得、税费返还、政府补贴、接受捐赠等资金等，提供相关的协议、资金到位凭证、相关文件或会议纪要等。

2.1.1 竞买资金来源相关规定

土地竞得主体申报的本人资金来源和最终关联方资金来源均应符合中国人民银行、中国银监会、中国保监会、中国证监会等部门的有关规定以及我国相关法律法规政策规定，包括但不限于下列具体规定：

① 《中国人民银行关于进一步加强房地产信贷业务管理的通知》（银发〔2003〕121号）第二条规定，商业银行不得向房地产开发企业发放用于缴交土地出让金的贷款。

② 《中国人民银行 中国银行业监督管理委员会关于加强商业性房地产信贷管理的通知》（银发〔2007〕359号）第二条规定，商业银行不得向房地产开发企业发放专门用于缴交土地出让金的贷款。

③ 《中国银监会办公厅关于加强信托公司房地产、证券业务监管有关问题的通知》（银监办发〔2008〕265号）第一条第二款规定，严禁向房地产开发企业发放流动资金贷款，严禁以购买房地产开发企业资产附回购承诺等方式变相发放流动资金贷款，不得向房地产企业发放用于缴交土地出让价款的贷款。

④ 中国保监会关于印发《保险资金投资不动产暂行办法》的通知（保监发〔2010〕80号）第十六条规定，保险公司投资不动产，不得有下列行为：投资开发或者销售商业住宅；直接从事房地产开发建设（包

括一级土地开发）；投资设立房地产开发公司，或者投资未上市房地产企业股权（项目公司除外），或者以投资股票方式控股房地产企业。已投资设立或者已控股房地产企业的，应当限期撤销或者转让退出。

⑤ 2014 年 9 月，银行间市场交易商协会发布了房地产企业发行债务融资工具开展普通商品房建设的具体方案，规定，募集资金用途仅限于房屋建设开发，不得用作土地款等其他用途。

2.1.2　竞买资金来源情况申报

竞得人须在规定的时间提交竞买资金来源有关材料。以北京为例，要求竞得人须在缴清全部土地出让价款后 2 个工作日内提交经有执业资格的会计师事务所及注册会计师鉴证的《竞买资金来源情况申报表》及相关附件资料，以及会计师事务所出具的购地资金《审计报告》。

（1）审计报告

《审计报告》内容包括但不限于：

① 土地竞得主体基本情况，包括控股股东、资金最终关联方基本情况；

② 关联方交易情况；

③ 近半年融资资金金额及用途情况；

④ 主要应收应付款（包括其他应收应付款）情况；

⑤《申报表》中填列的销售项目收入成本情况，出租房产收入成本情况，被投资企业利润分配情况，资产处置情况等；

⑥ 连带责任担保情况；

⑦ 重大或有事项等；

⑧ 结论：购地资金来源，明确不属于股东违规提供借款、转贷、担保或其他相关融资便利；不属于直接或间接使用金融机构各类融资

资金；不属于使用房地产产业链上下游关联企业借款或预付款；不属于使用其他自然人、法人、非法人组织的借款；不属于使用参与竞买企业控制的非房地产企业融资。

××会计师事务所（普通合伙）专项审计报告

编号：××专审字〔2×24〕100号

甲房地产开发有限公司：

我们接受贵公司委托，审计了贵公司有关"××××××等地块用地项目"资金来源情况，审计期间为2×24年8月1日至2×24年12月20日。贵公司的责任是提供真实、合法、完整的审计资料；我们的责任是对"购地项目"资金来源情况发表审计意见；我们是按照《中国注册会计师审计准则》相关规定进行审计的。现将审计情况报告如下：

一、竞得公司基本情况

甲房地产开发有限公司（以下简称"甲公司"），"××××××等地块用地项目"竞得人，成立于2×24年8月1日，统一社会信用代码：×××××××××××××××××××××；法定代表人：×××；注册资本：530 000.00万元；股东：××× 有限公司，持股比例70%、××××有限公司，持股比例30%；登记机关：×××××；注册地址：×××××××；经营范围：许可项目为房地产开发经营，一般项目为非居住房地产租赁。许可项目指依法须经批准的项目，经相关部门批准后方可开展经营活动，具体经营项目以相关部门批准文件或许可证件为准；一般项目指除依法须经批准的项目外，凭营业执照依法自主开展经营活动；不得从事国家和本市产业政策禁止和限制类项目的经营活动。

续表

二、项目土地基本情况

×××××× 地块 R2 二类居住用地、F3 其他类多功能用地。交易项目编号：××××××××××××××××××；交易文件编号：某市土储挂〔2×24〕044 号；用地性质：F3 其他类多功能用地，R2 二类居住用地；用地面积：68 000 平方米；建筑控制规模：188 400 平方米（不含地下面积）；建设内容：住宅商业和公共服务配套等；挂牌竞价起始时间：2×24 年 10 月 15 日；挂牌出让起始价：500 000.00 万元；上限价格：575 000.00 万元；成交时间：2×24 年 10 月 29 日；成交价格 500 000 万元；竞得人：甲房地产开发有限公司。

三、购地资金来源的依据

根据委托方提供的现有审计资料，甲公司支付有关"×××××× 等地块用地项目"资金来源相关资料如下。

1. 甲房地产有限公司股东会决议

2×24 年 × 月 × 日甲公司全体股东召开股东会会议，同意由 ××× 有限公司和 ×××× 有限公司组成股东会。其中，××× 有限公司认缴出资 371 000.00 万元，×××× 有限公司认缴出资 159 000.00 万元。

2. 甲房地产开发有限公司章程

甲公司章程规定，公司注册资本 53.00 亿元，由公司股东 ××× 有限公司认缴 37.10 亿元，×××× 有限公司认缴出资金额 15.90 亿元，出资时间 2×24 年 9 月 30 日之前，出资方式为货币。

3. 各方股东出资转账回单

甲公司股东 ××× 有限公司和 ×××× 有限公司在 2×24 年 8 月 1 日至 2×24 年 9 月 30 日期间将公司注册资本转入甲公司 × 账户，累计金额 53.00 亿元。

4. 土地款缴纳回单

甲公司在 2×24 年 × 月 × 日至 2×24 年 × 月 × 日期间有关
"×××××× 等地块用地项目"资金缴款回单金额 50 亿元。

四、有关购地资金来源的说明

经审查，甲公司有关"×××××× 等地块用地项目"资金来
源为公司的注册资金，股东注册资金 53.00 亿元，支付购地款金额
50 亿元。

具体明细说明如下：

……（有关股东拨付甲公司注册资金及甲公司支付土地款的每
一笔详细说明。涉及甲公司收款时间、收款账户、收款金额、摘要、
股东名称，以及甲公司支付土地款的对象、时间、银行账户、金额、
摘要等。）

五、审计结果

根据甲公司提供的审计资料，经审查，甲公司有关
"×××××× 等地块用地项目"资金来源于公司注册资金。

购地资金来源中未发现如下几种情况：1. 竞得人股东违规提
供借款、转贷、担保或其他相关融资便利；2. 竞得人直接或间接
使用金融机构各类融资资金；3. 竞得人使用房地产产业链上下游
关联企业借款或预付款；4. 竞得人使用其他自然人、法人、非法
人组织的借款；5. 竞得人使用参与竞买企业控制的非房地产企业
融资。

六、报告使用范围

本专项审计报告及其结论仅供相关单位审核购地资金来源作为
参考依据而使用，不应用作任何其他用途。如有使用不当，与执行
本次审计任务的会计师事务所和注册会计师无关。

续表

> 附件：
>
> 1. 甲公司股东会决议
>
> 2. 甲公司章程
>
> 3. 甲公司注册资本明细表及银行回单
>
> 4. 甲公司土地款缴纳汇款单明细表及银行回单
>
> 5. 公司注册资本来源及去向明细表及银行对账单
>
> 6. ××会计师事务所（普通合伙）营业执照
>
> 7. 注册会计师执业证书

（2）竞买资金来源情况申报表

竞买资金来源情况申报表内容主要包括企业基本情况、参与竞买方式、联合竞买资金支付方式、联合竞买各方名称及其投资比例、来源于经营性资金情况、来源于权益性资金情况及来源于其他资金情况等，如表 2-1 所示。

表 2-1　××市国有建设用地使用权出让竞买资金来源情况申报表

地块名称：		地块公告号：	
土地竞得主体名称：			
开户银行：		银行账号：	
通信地址：		邮政编码：	
联系人：		联系电话：	
法定代表人：		证件类型：	
证件号码：			
参与竞买方式：	□独立竞买　□联合竞买		
联合竞买资金支付方式：	□以牵头人名义交纳，牵头人名称： □按以下金额、比例交纳		

续表

联合竞买各方名称及其投资比例：	1. 牵头方_____，_____万元，_____%
	2. _____，_____万元，_____%
	3. _____，_____万元，_____%
	4. _____，_____万元，_____%
申报竞买资金来源：用于购置本地块的地价款为　　　万元，其中：	
来源于经营性资金_____万元	1. 项目销售收入_____万元。 _____（项目）销售收入_____万元 销售收入取得期间：_____ 销售收入取得企业：_____ 销售收入取得企业是否为关联方：　（是 / 否） 关联方名称：_____ 关联方关系：_____ 附件资料： 1）预售许可证或销售许可证； 2）已售项目的银行流水单； 3）销售收款明细表（应包含购房人身份证号、认购书编号、合同号、面积、单价、收款时间等信息）； 4）非全资子公司关联方股东会决议； 5）竞买企业收到销售企业转入销售收入的进账单、银行流水单； 6）竞买企业竞买前 3 年经审计的财务报告及竞买前最近一期的财务报表； 7）竞买企业及竞买关联方营业执照； 8）其他。 2. 出租收入_____万元。 _____（出租房产名称）出租收入_____万元 出租收入取得期间：_____ 出租收入取得企业：_____ 出租收入取得企业是否为关联方：　（是 / 否） 关联方名称：_____ 关联方关系：_____ 附件资料： 1）出租合同； 2）出租房产权属证明； 3）出租收入资金流水单、资金入账进账单； 4）出租收入收款明细表（应包含租赁方统一社会信用代码或身份证号、出租房产面积、出租单价、收款时间等信息）； 5）非全资子公司关联方股东会决议；

续表

来源于经营性资金 _____万元	6）竞买企业收到出租企业转入租赁收入的进账单、银行流水单； 7）竞买企业竞买前 3 年经审计的财务报告及竞买前最近一期的财务报表； 8）竞买企业及竞买关联方营业执照； 9）其他。 3. 其他经营收入 _____ 万元。 其他经营收入取得期间：_____ 其他经营收入取得企业：_____ 其他经营收入取得企业是否为关联方：　　（是／否） 关联方名称：_____ 关联方关系：_____ 附件资料： 1）其他经营收入合同； 2）其他经营收入资金流水单、资金入账进账单； 3）其他经营收入收款明细表（应包含付款方统一社会信用代码或身份证号、收入内容、收入金额、收款时间等信息）； 4）非全资子公司关联方股东会决议； 5）竞买企业收到收入企业转入其他经营收入的进账单、银行流水单； 6）竞买企业竞买前 3 年经审计的财务报告及竞买前最近一期的财务报表； 7）竞买企业及竞买关联企业营业执照； 8）其他。
来源于权益性资金 _____万元	1. 投资者投入资金 _____ 万元。 _____（出资方）出资 _____ 万元 本次出资投入时间：_____ 本次出资前投资金额和比例：_____ 本次出资后投资金额和比例：_____ 附件资料： 1）投资协议或增资协议； 2）变更前后公司营业执照； 3）变更前后公司章程； 4）入资进账单、银行流水单； 5）竞买企业竞买前 3 年经审计的财务报告及竞买前最近一期的财务报表； 6）竞买企业营业执照； 7）其他。

来源于权益性资金_____万元	2. 分配股利 / 利润资金_____万元。 _____（利润分配方）分配股利 / 利润_____万元 分配股利 / 利润年度：_____ 分配股利 / 利润当期利润实现情况：_____ 对分配股利 / 利润方的投资情况：_____ 附件资料： 1）分配股利 / 利润企业股东会决议； 2）分配股利 / 利润企业公司章程； 3）竞买企业和分配股利 / 利润企业的公司营业执照； 4）分配股利 / 利润进账单、银行流水单； 5）竞买企业、分配股利 / 利润企业竞买前 3 年经审计的财务报告及竞买前最近一期的财务报表； 6）其他。 3. 其他投资收益_____万元。 _____（收益类型）其他投资收益_____万元 其他投资收益年度：_____ 其他投资收益实现情况：_____ 对获取其他投资收益企业的投资情况：_____ 其他投资收益获取方是否为关联方：　（是 / 否） 关联方名称：_____ 关联方关系：_____ 附件资料： 1）投资协议； 2）投资资产权属凭证； 3）投资收益证明资料； 4）竞买企业营业执照； 5）其他收益进账单、银行流水单； 6）竞买企业竞买前 3 年经审计的财务报告及竞买前最近一期的财务报表； 7）其他。 4. 投资处置资金_____万元。 _____（处置投资资产）处置资金收入_____万元 处置投资资产时间：_____ 处置投资资产账面价值：_____ 投资资产处置收入：_____ 处置投资获取方是否为关联方：　（是 / 否） 关联方名称：_____ 关联方关系：_____

续表

来源于权益性资金 _____万元	附件资料： 1）投资协议或资产购置原始凭证； 2）处置资产权属凭证； 3）处置资产清单； 4）竞买企业营业执照； 5）处置资产收入进账单、银行流水单； 6）竞买企业竞买前 3 年经审计的财务报告及竞买前最近一期的财务报表； 7）处置资产的股东会 / 董事会决议； 8）其他。.
来源于其他资金 _____万元	其他资金类型包括偶然所得、税费返还、政府补贴、接受捐赠资金等。 _____（资金类型）到位资金 _____ 万元 其他资金到位时间：_____ 其他资金到位金额：_____ 其他资金获取方：_____ 其他资金获取方是否为关联方：　　（是 / 否） 关联方名称：_____ 关联方关系：_____ 附件资料： 1）相关协议或政策文件； 2）资金到位凭证； 3）资金到位进账单、银行流水单； 4）竞买企业营业执照； 5）竞买企业竞买前 3 年经审计的财务报告及竞买前最近一期的财务报表； 6）其他。

来源说明：购地资金来源，明确不属于股东违规提供借款、转贷、担保或其他相关融资便利；不属于直接或间接使用金融机构各类融资资金；不属于使用房地产产业链上下游关联企业借款或预付款；不属于使用其他自然人、法人、非法人组织的借款；不属于使用参与竞买企业控制的非房地产企业融资。

提交单位（盖章）/ 提交人（自然人）（签字）		时间	
法定代表人 / 受托人（签名）		时间	
鉴证单位（会计师事务所）（盖章）		时间	
中国注册会计师（签名）		时间	

2.2 预售资金使用管理

商品房预售资金是开发商将正在建设中的商品房出售给购房人，购房人按照商品房买卖合同约定支付给开发商的购房款（包括购房人支付的定金、首付款、购房贷款以及其他形式的购房款）。资金预售监管，是指由房地产行政主管部门会同银行对商品房预售资金实施第三方监管，房产开发企业须将预售资金存入银行专用监管账户，只能用作本项目建设，不得随意支取、使用。

北京市住房和城乡建设委员会 2013 年颁布了《北京市商品房预售资金监督管理办法》（京建法〔2013〕11 号）、2015 年颁布了《北京市住房和城乡建设委员会关于加强本市商品房预售资金使用管理的通知》（京建法〔2015〕23 号）对预售资金监管和使用作出了明确规定。

① "京建法〔2015〕23 号"第一条规定，商品房预售项目网上签约面积不足该预售许可证许可面积的二分之一时，房地产开发企业可自行支取专用账户内的资金用于工程建设。

② "京建法〔2013〕11 号"有关条款规定如下：

a.第五条规定，申请商品房预售许可前，房地产开发企业应选择商业银行作为商品房预售资金监管专用账户的开户银行（以下简称监管银行），与监管银行签订预售资金监管协议，并按照一个预售许可申请对应一个账户的原则在监管银行开立专用账户。房地产开发企业不得从专用账户中支取现金。预售资金监管协议示范文本由市住房城乡建设委、人行营业管理部、北京银监局共同制定。

b.第六条规定，商品房预售资金应全部存入专用账户，由监管银行对重点监管额度部分实行重点监管，优先保障工程建设。

c.第九条规定，项目用款计划按照地下结构完成、主体结构完成、竣工验收备案、初始登记完成四个环节设置资金使用节点。项目拟预售楼栋中最高楼栋为 7 层以上（含 7 层）10 层以下建筑的，可增加"建设层数达二分之一"节点；拟预售楼栋中最高楼栋为 10 层以上（含 10 层）建筑的，可增加"建设层数达三分之一""建设层数达三分之二"节点。房地产开发企业应结合自身资金状况、融资能力，合理确定每个节点的用款额度。完成初始登记前，专用账户内的资金不得低于重点监管额度的 5%。

另外，2023 年 12 月 22 日，北京市住房和城乡建设委员会就《〈北京市商品房预售资金监督管理办法（2023 年修订版）〉（征求意见稿）》公开征求意见。修订后，预售资金将由过去的银行监管调整为政府监管，由市住房资金中心作为具体监管业务承担部门，强化了住建部门对预售资金的监管责任。

（1）项目资金使用计划申报表

例 2-1　以上述北京市预售资金监管政策为例，甲房地产开发公司拟报送"××（住宅）项目用款计划"，项目拟预售面积 120 000 平方米，拟预售楼栋规划面积 120 000 平方米，项目工程建设费用 600 000 000 元（建造单价 5 000 元 / 平方米）。资金使用计划：地下结构完成时，用款比例为 40%；建设层数达 1/3 时，用款比例为 10%；建设层数达 2/3 时，用款比例为 10%；结构封顶时，用款比例为 10%；竣工备案时，用款比例为 25%；完成初始登记并达到购房人可单方办理转移登记的条件时，用款比例为 5%。详见表 2-2。

表 2-2　××项目用款计划

开发企业	甲房地产开发公司	建筑物名称	××××××项目
项目地址	×××××××	拟预售楼栋	×××××××
拟预售面积	120 000（平方米）	竣工时间	

续表

拟预售楼栋规划面积	120 000（平方米）		
是否精装修	是	精装每平方米造价	
项目工程建设费用	600 000 000（元）		
资金使用计划	资金使用节点	用款比例	用款金额
	地下结构完成	40%	240 000 000（元）
	建设层数达 1/3	10%	60 000 000（元）
	建设层数达 2/3	10%	60 000 000（元）
	结构封顶	10%	60 000 000（元）
	竣工备案	25%	150 000 000（元）
	完成初始登记并达到购房人可单方办理转移登记的条件	5%	30 000 000（元）
开发企业：（公章）			

（2）监管资金的使用

① 按照"京建法〔2015〕23 号"规定，当商品房预售项目网上签约面积不足该预售许可证许可面积的二分之一时，房地产开发企业自行支取专用账户内的资金用于工程建设。

② 当商品房预售项目网上签约面积超过该预售许可证许可面积的二分之一时，受监管的资金公式如下：

受监管的资金 = 网上已签约面积 × 建造单价 ×（1- 资金使用节点的累计用款比例）

从该公式可以看出，资金监管是一个动态的过程，受"网上已签约面积"和"资金使用节点的累计用款比例"影响。

例 2-2　接例 2-1，甲房地产开发公司住宅预售许可证可售面积为 120 000 平方米，工程进度建设层数达 1/3。网上签约情况：

a. 本期累计网上签约面积为 30 000 平方米，住宅预售回款为

50 000 万元。

分析：此情况下，网上签约面积占预售许可证可售面积的 25%，低于 50%，故此甲房地产开发企业可自行支取专用账户内的资金用于工程建设。

b.本期累计网上签约面积为 66 000 平方米，住宅预售回款为 100 000 万元。

分析：此情况下，网上签约面积占预售许可证可售面积的 55%，大于 50%，因此甲房地产开发公司银行监管资金账户受监管的资金为 1.65 亿元。

66 000×5 000×[1-（40%+10%）]=165 000 000（元）

c.假设本期累计网上签约面积依然为 66 000 平方米，但工程进度建设层数达 2/3，住宅预售回款仍为 100 000 万元。

分析：此情况下，甲房地产开发公司银行监管资金账户受监管的资金为 1.32 亿元。

66 000×5 000×[1-（40%+10%+10%）]=132 000 000（元）

第 3 章

房地产开发企业涉税概述

房地产开发涉及契税、城镇土地使用税、耕地占用税、印花税、增值税、城市维护建设税、房产税、教育费附加、地方教育附加、土地增值税、环保税、企业所得税、个人所得税等。

3.1　契税

（1）纳税人

在中华人民共和国境内转移土地、房屋权属，承受的单位和个人。

（2）计税依据

① 土地使用权出让、出售，房屋买卖，为土地、房屋权属转移合同确定的成交价格，包括应交付的货币以及实物、其他经济利益对应的价款；

② 土地使用权互换、房屋互换，为所互换的土地使用权、房屋价格的差额；

③ 土地使用权赠与、房屋赠与以及其他没有价格的转移土地、房屋权属行为，为税务机关参照土地使用权出售、房屋买卖的市场价格依法核定的价格。

纳税人申报的成交价格、互换价格差额明显偏低且无正当理由的，由税务机关依照《中华人民共和国税收征收管理法》的规定核定。

特别说明：契税的计税依据不包括增值税。

（3）税率

契税税率为 3%~5%。

另外，《关于促进房地产市场平稳健康发展有关税收政策的公告》（财政部 税务总局 住房城乡建设部公告 2024 年第 16 号）第一条对个人住房交易契税政策作出了以下规定：

① 对个人购买家庭唯一住房（家庭成员范围包括购房人、配偶以及未成年子女，下同），面积为 140 平方米及以下的，减按 1% 的税率征收契税；面积为 140 平方米以上的，减按 1.5% 的税率征收契税。

② 对个人购买家庭第二套住房，面积为 140 平方米及以下的，减按 1% 的税率征收契税；面积为 140 平方米以上的，减按 2% 的税率征收契税。家庭第二套住房是指已拥有一套住房的家庭购买的第二套住房。

（4）免征契税

① 国家机关、事业单位、社会团体、军事单位承受土地、房屋权属用于办公、教学、医疗、科研、军事设施；

② 非营利性的学校、医疗机构、社会福利机构承受土地、房屋权属用于办公、教学、医疗、科研、养老、救助；

③ 承受荒山、荒地、荒滩土地使用权用于农、林、牧、渔业生产；

④ 婚姻关系存续期间夫妻之间变更土地、房屋权属；

⑤ 法定继承人通过继承承受土地、房屋权属；

⑥ 依照法律规定应当予以免税的外国驻华使馆、领事馆和国际组织驻华代表机构承受土地、房屋权属。

（5）征收机构

土地所在地的主管税务机关。

（6）纳税义务发生时间

为纳税人签订土地、房屋权属转移合同的当日，或者纳税人取得其他具有土地、房屋权属转移合同性质凭证的当日。

3.2　城镇土地使用税

（1）纳税人

在城市、县城、建制镇、工矿区范围内使用土地的单位和个人。

（2）计税依据

实际占用的土地面积。

（3）城镇土地使用税每平方米年税额

① 大城市 1.5 元至 30 元；

② 中等城市 1.2 元至 24 元；

③ 小城市 0.9 元至 18 元；

④ 县城、建制镇、工矿区 0.6 元至 12 元。

省、自治区、直辖市人民政府，应当在规定的税额幅度内，根据市政建设状况、经济繁荣程度等条件，确定所辖地区的适用税额幅度。

市、县人民政府应当根据实际情况，将本地区土地划分为若干等级，在省、自治区、直辖市人民政府确定的税额幅度内，制定相应的适用税额标准，报省、自治区、直辖市人民政府批准执行。经省、自治区、直辖市人民政府批准，经济落后地区城镇土地使用税的适用税额标准可以适当降低，但降低额不得超过相关条例规定最低税额的30%。经济发达地区城镇土地使用税的适用税额标准可以适当提高，但须报经财政部批准。

（4）免缴规定

① 国家机关、人民团体、军队自用的土地；

② 由国家财政部门拨付事业经费的单位自用的土地；

③ 宗教寺庙、公园、名胜古迹自用的土地（公园、名胜古迹中附设的营业单位，如影剧院、饮食部、茶社、照相馆等使用的土地，应征收城镇土地使用税。）；

④ 市政街道、广场、绿化地带等公共用地；

⑤ 直接用于农、林、牧、渔业的生产用地；

⑥ 经批准开山填海整治的土地和改造的废弃土地，从使用的月份起免缴城镇土地使用税 5 年至 10 年；

⑦ 由财政部另行规定免税的能源、交通、水利设施用地和其他用地。

（5）征收机构

土地所在地的主管税务机关。

（6）纳税时间

征收的耕地，自批准征收之日起满 1 年时开始缴纳城镇土地使用税；征收的非耕地，自批准征收次月起缴纳城镇土地使用税。

3.3　耕地占用税

（1）纳税人

在中华人民共和国境内占用应税土地建房或者从事非农业建设的单位和个人为耕地占用税的纳税人，应当依照相关条例的规定缴纳耕地占用税。

（2）计税依据

耕地占用税以纳税人实际占用的应税土地面积（包括经批准占用面积和未经批准占用面积）为计税依据，以平方米为单位，按所占土地当地适用税额计税，实行一次性征收。

耕地占用税计算公式为：应纳税额 = 应税土地面积 × 适用税额。

（3）适用定额

① 人均耕地不超过 1 亩（1 亩约等于 666.67 平方米）的地区（以县级行政区域为单位，下同），每平方米为 10 元至 50 元；

② 人均耕地超过 1 亩但不超过 2 亩的地区，每平方米为 8 元至 40 元；

③ 人均耕地超过 2 亩但不超过 3 亩的地区，每平方米为 6 元至 30 元；

④ 人均耕地超过 3 亩的地区，每平方米为 5 元至 25 元。

经济特区、经济技术开发区和经济发达且人均耕地特别少的地区，适用税额可以适当提高，但是提高的部分最高不得超过相关条例规定的当地适用税额的 50%。

占用基本农田的，适用税额应当在相关条例规定的当地适用税额的基础上提高 50%。

（4）征收机构

土地所在地的主管税务机关。

（5）纳税义务发生时间

收到书面通知：纳税人收到自然资源主管部门办理占用耕地手续的书面通知的当日，即产生纳税义务。

申报缴纳期限：纳税人应当在收到通知后的 30 日内，向耕地所在地的征收机关申报缴纳税款。

3.4　印花税

2022 年 6 月，国家知识产权局发布公告：《中华人民共和国印花税法》征收范围不包括"权利、许可证照"，国家知识产权局将自 2022 年 7 月 1 日起终止印花税代征业务。

（1）纳税人

在中华人民共和国境内书立应税凭证、进行证券交易的单位和个人。

（2）计税依据

应税合同的计税依据，为合同所列的金额，不包括列明的增值税税款。

应税产权转移书据的计税依据，为产权转移书据所列的金额，不包括列明的增值税税款。

应税营业账簿的计税依据，为账簿记载的实收资本（股本）、资本公积合计金额。

证券交易的计税依据，为成交金额。

应税合同、产权转移书据未列明金额的，印花税的计税依据按照实际结算的金额确定。计税依据按照前款规定仍不能确定的，按照书立合同、产权转移书据时的市场价格确定；依法应当执行政府定价或者政府指导价的，按照国家有关规定确定。

证券交易无转让价格的，按照办理过户登记手续时该证券前一个交易日收盘价计算确定计税依据；无收盘价的，按照证券面值计算确定计税依据。

应纳税额计算：印花税的应纳税额按照计税依据乘以适用税率计算。

同一应税凭证载有两个以上税目事项并分别列明金额的，按照各自适用的税目税率分别计算应纳税额；未分别列明金额的，从高适用税率。

同一应税凭证由两方以上当事人书立的，按照各自涉及的金额分别计算应纳税额。

已缴纳印花税的营业账簿，以后年度记载的实收资本（股本）、资本公积合计金额比已缴纳印花税的实收资本（股本）、资本公积合计金额增加的，按照增加部分计算应纳税额。

印花税税目税率表如表 3-1 所示。

表 3-1　印花税税目税率表

税目		税率	备注
合同	买卖合同	支付价款的 0.3‰	指动产买卖合同（不包括个人书立的动产买卖合同）。包括供应、预购、采购、购销结合及协作、调剂、补偿、易货等合同
	借款合同	借款金额的 0.05‰	指银行业金融机构、经国务院银行业监督管理机构批准设立的其他金融机构和借款人（不包括银行同业拆借）的借款合同
	融资租赁合同	租金的 0.05‰	
	租赁合同	租金的 1‰	
	承揽合同	报酬的 0.3‰	包括加工、定做、修缮、修理、印刷、广告、测绘、测试等合同
	建设工程合同	价款的 0.3‰	
	运输合同	运输费用的 0.3‰	指货运合同和多式联运合同（不包括管道运输合同）
	技术合同	价款、报酬或者使用费的 0.3‰	不包括专利权、专有技术使用权转让书据
	保管合同	保管费的 1‰	
	仓储合同	仓储费的 1‰	
	财产保险合同	保险费的 1‰	不包括再保险合同

续表

税目		税率	备注
产权转移书据	土地使用权出让书据	价款的 0.5‰	转让包括买卖（出售）、集成、赠与、互换、分割
	土地使用权、房屋等建筑物和构筑物所有权转让书据（不包括土地承包经营权和土地经营权转移）	价款的 0.5‰	
	股权转让书据（不包括应缴纳证券交易印花税）	价款的 0.5‰	
	商标专用权、著作权、专利权、专有技术使用权转让书据	价款的 0.3‰	
营业账簿		实收资本（股本）、资本公积合计金额的 0.25‰	
证券交易		成交金额的 1‰	

（3）征收机构

纳税人为单位的，应当向其机构所在地的主管税务机关申报缴纳印花税；纳税人为个人的，应当向应税凭证书立地或者纳税人居住地的主管税务机关申报缴纳印花税。

不动产产权发生转移的，纳税人应当向不动产所在地的主管税务机关申报缴纳印花税。

（4）纳税义务发生时间

印花税的纳税义务发生时间为纳税人书立应税凭证或者完成证券交易的当日。证券交易印花税扣缴义务发生时间为证券交易完成的当日。

（5）税收优惠

2023 年 8 月 2 日，财政部、税务总局发布《财政部 税务总局关于进一步支持小微企业和个体工商户发展有关税费政策的公告》（财政部税务总局公告 2023 年第 12 号），按照该公告第二条规定，自 2023 年 1 月 1 日至 2027 年 12 月 31 日，对增值税小规模纳税人、小型微利企业和个体工商户减半征收资源税（不含水资源税）、城市维护建设税、房产税、城镇土地使用税、印花税（不含证券交易印花税）、耕地占用税和教育费附加、地方教育附加。

按照上述印花税优惠政策，房地产开发企业在新设房地产开发公司时，可以先申报成为小规模纳税人，在"拿地"和"注资"环节享受印花税优惠政策，在房地产"预售"环节之前转为增值税一般纳税人。

例 3-1　甲房地产开发公司为小规模纳税人，注册资本金 53 亿元，拿地成本 50 亿元，按上述税收优惠政策规定，可节约税款 195 万元（即：530 000×0.05%÷2+500 000×0.025%÷2）。

3.5　增值税

2017 年 10 月 30 日，国务院第 191 次常务会议通过修改《中华人民共和国增值税暂行条例》的决定；11 月 19 日，中华人民共和国国务院令第 691 号公布。另外，自 2026 年 1 月 1 日起《中华人民共和国增值税法》施行，《中华人民共和国增值税暂行条例》同时废止。

（1）纳税人

依据目前实施的《中华人民共和国增值税暂行条例》规定，在中华人民共和国境内销售货物或者加工、修理修配劳务，销售服务、无形资产、不动产以及进口货物的单位和个人，为增值税的纳税人。

依据 2026 年 1 月 1 日起实施的《中华人民共和国增值税法》规定，在中华人民共和国境内销售货物、服务、无形资产、不动产，以及进口货物的单位和个人（包括个体工商户），为增值税的纳税人。

《中华人民共和国增值税法》把上述现行的《中华人民共和国增值税暂行条例》中的"加工修理修配劳务"归类为"服务"范畴。

（2）计税方法

包括一般计税方法和简易计税方法，一旦选择简易计税方法，36个月内不得变更为一般计税方法。

① 简易计税方法。房地产老项目简易计税方法，主要适用于一般纳税人销售自行开发的房地产老项目。这些老项目通常是指《建筑工程施工许可证》注明的合同开工日期在 2016 年 4 月 30 日前的房地产项目；未取得《建筑工程施工许可证》的，建筑工程承包合同注明的开工日期在 2016 年 4 月 30 日前的建筑工程项目。2016 年 5 月 1 日以后开工的项目不能选择适用简易计税方法计税。按照简易计税方法计算缴纳增值税的，应纳税额为当期销售额乘以征收率。

② 一般计税方法。房地产开发企业一般纳税人销售自行开发的房地产项目，适用一般计税方法计税的，按照取得的全部价款和价外费用，扣除当期销售房地产项目对应的土地价款后的余额计算销售额。

销售额＝（全部价款和价外费用－当期允许扣除的土地价款）÷
（1+9%）

房地产按照一般计税方法计算缴纳增值税的，应纳税额是指当期销项税额抵扣当期进项税额后的余额。

进口货物，按照组成计税价格乘以适用税率计算应纳税额。组成计税价格和应纳税额计算公式：

$$组成计税价格 = 关税完税价格 + 关税 + 消费税$$

$$应纳税额 = 组成计税价格 \times 税率$$

纳税人应当凭法律、行政法规或者国务院规定的增值税扣税凭证从销项税额中抵扣进项税额。

③ 预售预缴阶段。根据国家税务总局关于发布《房地产开发企业销售自行开发的房地产项目增值税征收管理暂行办法》的公告（税总〔2016〕18 号公告），房地产预售环节预缴增值税的计算公式为：

$$预缴税款 = 预收款 \div (1+ 适用税率或征收率) \times 预征率$$

预征率为 3%。适用一般计税方法计税的，按照 9% 的适用税率计算；适用简易计税方法计税的，按照 5% 的征收率计算。

（3）税率

我国现行增值税属于比例税率，根据应税行为一共分为 13%、9%、6% 和 0 四档税率。

（4）征收机构

主管税务机关。

（5）纳税义务发生时间

① 发生应税交易，纳税义务发生时间为收讫销售款项或者取得销售款项索取凭据的当日；先开具发票的，为开具发票的当日。

② 发生视同应税交易，纳税义务发生时间为完成视同应税交易的当日。

③进口货物，纳税义务发生时间为货物报关进口的当日。

④ 增值税扣缴义务发生时间为纳税人增值税纳税义务发生的当日。

3.6　城市维护建设税

（1）纳税人

在中华人民共和国境内缴纳增值税、消费税的单位和个人，为城市维护建设税的纳税人，应当依照相关法律规定缴纳城市维护建设税。

（2）计税依据

城市维护建设税以纳税人依法实际缴纳的增值税、消费税税额为计税依据。城市维护建设税的计税依据应当按照规定扣除期末留抵退税退还的增值税税额。

（3）税率

① 纳税人所在地在市区的，税率为 7%；

② 纳税人所在地在县城、镇的，税率为 5%；

③ 纳税人所在地不在市区、县城或者镇的，税率为 1%。

（4）征收机构

主管税务机关。

（5）纳税义务发生时间

城市维护建设税的纳税义务发生时间与增值税、消费税的纳税义务发生时间一致，分别与增值税、消费税同时缴纳。

3.7　房产税

（1）纳税人

基本规定：房产税的纳税义务人是指征税范围内的房屋产权所

有人。

特殊规定：

① 产权属于国家所有的，由经营管理单位纳税。

② 产权出典的，由承典人纳税。

③ 产权所有人、承典人不在房屋所在地，或产权未确定及租典纠纷未解决的，由房产代管人或使用人纳税。

④ 无租使用其他单位房产的应税单位和个人，依照房产余值代缴纳房产税。

⑤ 房产融资租赁的，由承租人纳税。

（2）计税依据

房产税征收标准有从价或从租两种情况。

① 从价计征的，其计税依据为房产原值一次减去 10% ～ 30% 后的余值；

② 从租计征的（即房产出租的），以房产租金收入为计税依据。

从价计征 10% ～ 30% 的具体减除幅度由省、自治区、直辖市人民政府确定。

（3）房产税应纳税额的计算

房产税应纳税额的计算分为以下两种情况，其计算公式为：

① 以房产原值为计税依据的

应纳税额 = 房产原值 ×[1-（10% ～ 30%）]× 税率

② 以房产租金收入为计税依据的

应纳税额 = 房产租金收入 × 税率

此公式中计征房产税的"房产租金收入"为不含增值税收入。

（4）税率

房产税税率采用比例税率。按照房产余值计征的，年税率为 1.2%；

按房产租金收入计征的，年税率为12%。

（5）征收机构

房产税在房产所在地缴纳。房产不在同一地方的纳税人，应按房产的坐落地点分别向房产所在地的税务机关纳税。

（6）纳税时间

① 纳税人将原有房产用于生产经营，从生产经营之月起，缴纳房产税；

② 纳税人自行新建房屋用于生产经营，从建成之次月起，缴纳房产税；

③ 纳税人委托施工企业建设的房屋，从办理验收手续之次月起，缴纳房产税；

④ 纳税人购置新建商品房，自房屋交付使用之次月起，缴纳房产税；

⑤ 纳税人购置存量房，自办理房屋权属转移、变更登记手续，房地产权属登记机关签发房屋权属证书之次月起，缴纳房产税；

⑥ 纳税人出租、出借房产，自交付出租、出借房产之次月起，缴纳房产税；

⑦ 房地产开发企业自用、出租、出借该企业建造的商品房，自房屋使用或交付之次月起，缴纳房产税。

3.8 教育费附加

（1）缴纳人

凡缴纳增值税、消费税的单位和个人，均为教育费附加的纳费义务人。

（2）计算依据

缴纳人实际缴纳的增值税、消费税的税额之和。

（3）征收率

教育费附加的征费率为 3%。

（4）征收机构

主管税务机关。

（5）缴纳义务发生时间

教育费附加的缴纳义务发生时间通常与增值税、消费税的纳税义务发生时间一致。

3.9　地方教育附加

（1）缴纳人

凡缴纳增值税、消费税的单位和个人，均为地方教育附加的纳费义务人。

（2）计算依据

缴纳人实际缴纳的增值税、消费税的税额之和。

（3）征收率

地方教育附加的征费率为 2%。

（4）征收机构

主管税务机关。

（5）缴纳义务发生时间

地方教育附加的缴纳义务发生时间通常与增值税、消费税的纳税义务发生时间一致。

3.10   土地增值税

（1）纳税人

转让国有土地使用权、地上的建筑物及其附着物（以下简称转让房地产）并取得收入的单位和个人，为土地增值税的纳税义务人。

判断是否应该缴纳土地增值税，有两个条件，一个是要转让国有土地使用权，因为集体土地按照法律规定是不能转让的；另一个条件是取得收入，包括货币收入、实物收入和其他有关的经济收益。

（2）计税依据

土地增值税按照纳税人转让房地产所取得的增值额和相应的税率计算征收。

① 增值额：转让房地产取得的收入减去扣除项目金额。

② 收入：货币收入、实物收入和其他收入。

③ 扣除项目金额：

a. 取得土地使用权所支付的金额；

b. 房地产开发成本；

c. 房地产开发费用；

d. 与转让房地产有关的税金；

e. 旧房和建筑物的评估价格；发票所载金额（纳税人转让旧房及建筑物，凡不能取得评估价格，但能提供购房发票的）；

f. 财政部规定的其他扣除项目。

④ 旧房及建筑物转让（扣除项目的计算）

a. 按评估价格计算：旧房及建筑物的评估价格，是指在转让已使用的房屋及建筑物时，由政府批准设立的房地产评估机构的重置成本价乘以成新度折扣率后的价格。评估价须经当地税务机关承认。(《中华人民共和国土地增值税暂行条例实施细则》第七条第四项)

根据《财政部 国家税务总局关于土地增值税一些具体问题规定的通知》(财税字〔1995〕48号) 第十条规定，转让旧房的，应按房屋及建筑物的评估价格、取得土地使用权所支付的地价款和按国家统一规定交纳的有关费用以及在转让环节缴纳的税金作为扣除项目金额计征土地增值税。对取得土地使用权时未支付地价款或不能提供已支付的地价款凭据的，不允许扣除取得土地使用权所支付的金额。第十一条规定，对于个人购入房地产再转让的，其在购入时已缴纳的契税，在旧房及建筑物的评估价中已包括了此项因素，在计征土地增值税时，不另作为"与转让房地产有关的税金"予以扣除。第十二条规定，纳税人转让旧房及建筑物时因计算纳税的需要而对房地产进行评估，其支付的评估费用允许在计算增值额时予以扣除。对条例第九条规定的纳税人隐瞒、虚报房地产成交价格等情形而按房地产评估价格计算征收土地增值税所发生的评估费用，不允许在计算土地增值税时予以扣除。

扣除金额＝实际支付的地价＋重置成本价 × 成新度折扣率＋

税费（不含契税）＋评估费用

b.按发票计算：纳税人转让旧房及建筑物，凡不能取得评估价格，但能提供购房发票的，经当地税务部门确认，《中华人民共和国土地增值税暂行条例》第六条第（一）、（三）项规定的扣除项目的金额，可按发票所载金额并从购买年度起至转让年度止每年加计5%计算。对纳税人购房时缴纳的契税，凡能提供契税完税凭证的，准予扣除，但不作为加计5%的基数。(财税〔2006〕21号)

扣除金额 = 发票金额 + 按年加计数额 + 税费（含契税）

纳税人转让旧房按照发票所载金额计算扣除项目时分次取得购房发票的，可按取得首张发票所载时间作为购买年度。（北京市地方税务局公告 2010 年第 2 号）

计算扣除项目时"每年"按购房发票所载日期起至售房发票开具之日止，每满 12 个月计一年；超过一年，未满 12 个月但超过 6 个月的，可以视同为一年。（国税函〔2010〕220 号）

按年加计数额 = 发票金额 × 年数 ×5%

（3）税率

按《中华人民共和国土地增值税暂行条例》的规定，土地增值税实行四级超率累进税率，具体税率如下：

① 增值额未超过扣除项目金额 50% 的部分，税率为 30%；

② 增值额超过扣除项目金额 50%、未超过扣除项目金额 100% 的部分，税率为 40%；

③ 增值额超过扣除项目金额 100%、未超过扣除项目金额 200% 的部分，税率为 50%；

④ 增值额超过扣除项目金额 200% 的部分，税率为 60%。

前述四级超率累进税率，每级"增值额未超过扣除项目金额"的比例，均包括本比例数。

土地增值税税率如表 3-2 所示。

表 3-2　土地增值税税率表

级数	增值额与扣除项目金额的比率	税率 /%	速算扣除系数 /%
1	不超过 50% 的部分	30	0
2	超过 50%～100% 的部分	40	5

续表

级数	增值额与扣除项目金额的比率	税率 /%	速算扣除系数 /%
3	超过 100%～200% 的部分	50	15
4	超过 200% 的部分	60	35

超率的"率"指增值额与扣除项目的比率（增值率）：增值额 ÷ 扣除项目金额。

（4）税额计算公式

应纳税额 = 增值额 × 税率 - 扣除项目金额 × 速算扣除系数

（5）预缴管理

根据《中华人民共和国土地增值税暂行条例实施细则》的规定，对纳税人在项目全部竣工结算前转让房地产取得的收入，可以预征土地增值税，具体办法由各省、自治区、直辖市税务局根据当地情况制定。为了发挥土地增值税在预征阶段的调节作用，对已经实行预征办法的地区，可根据不同类型房地产的实际情况，确定适当的预征率。

除保障性住房外，东部地区省份预征率下限为 1.5%，中部和东北地区省份预征率下限为 1%，西部地区省份预征率下降为 0.5%（地区的划分按照国务院有关文件的规定执行）。（国家税务总局公告 2024 年第 10 号）

（6）税收优惠

纳税人建造普通标准住宅出售，增值额未超过《中华人民共和国土地增值税暂行条例实施细则》第七条（一）、（二）、（三）、（五）、（六）项扣除项目金额之和 20% 的，免征土地增值税；增值额超过扣除项目金额 20% 的，应就其全部增值额按规定计税。对于纳税人既建造普通标准住宅，又建造其他房地产的，应分别核算增值额；不分别核算增值额或不能准确核算增值额的，其建造的普通标准住宅不能适用这一免税规定。

上述所说的普通标准住宅，是指按所在地一般民用住宅标准建造的居住用住宅。高级公寓、别墅、度假村等不属于普通标准住宅。普通标准住宅与其他住宅的具体划分界限由各省、自治区、直辖市人民政府规定。以北京市为例，根据《关于调整优化本市普通住房标准和个人住房贷款政策的通知》（京建发〔2023〕425 号）第一条规定，自2024 年 1 月 1 日起，本市享受税收优惠政策的普通住房，应同时满足以下条件：

① 住宅小区建筑容积率在 1.0（含）以上；

② 单套住房建筑面积在 144 平方米（含）以下；

③ 5 环内住房成交价格在 85 000 元 / 平方米（含）以下、5-6 环住房成交价格在 65 000 元 / 平方米（含）以下、6 环外住房成交价格在45 000 元 / 平方米（含）以下。

2024 年 11 月，财政部、税务总局、住房城乡建设部联合发布了《关于促进房地产市场平稳健康发展有关税收政策的公告》（财政部 税务总局 住房城乡建设部公告 2024 年第 16 号），该公告明确了对有关城市取消普通住宅和非普通住宅标准后相关土地增值税的政策，该政策内容如下：取消普通住宅和非普通住宅标准的城市，根据《中华人民共和国土地增值税暂行条例》第八条第一项，纳税人建造普通标准住宅出售，增值额未超过扣除项目金额 20% 的，继续免征土地增值税。具体执行标准公布后，税务机关新受理清算申报的项目，以及在具体执行标准公布前已受理清算申报但未出具清算审核结论的项目，按新公布的标准执行。具体执行标准公布前出具清算审核结论的项目，仍按原标准执行。

对企事业单位、社会团体以及其他组织转让旧房作为公租房房源，且增值额未超过扣除项目金额20%的，免征土地增值税。

因国家建设需要依法征收、收回的房地产，免征。

因城市实施规划、国家建设需要而搬迁，纳税人自行转让房地产的，免征。（因"城市实施规划"而搬迁，是指因旧城改造或因企业污染、扰民，根据城市规划进行搬迁的情况；因"国家建设的需要"而搬迁，是指因实施国务院、省部级批准的建设项目而进行搬迁的情况。）

（7）核定征收

税务机关在清算审核中发现纳税人有下列情形之一的，可以实行核定征收。

① 依照法律、行政法规的规定应当设置但未设置账簿的；

② 擅自销毁账簿或者拒不提供纳税资料的；

③ 虽设置账簿，但账目混乱或者成本资料、收入凭证、费用凭证残缺不全，难以确定转让收入或扣除项目金额的；

④ 符合土地增值税清算条件，未按照规定的期限办理清算手续，经税务机关责令限期清算，逾期仍不清算的；

⑤ 申报的计税依据明显偏低，又无正当理由的。

税务机关在稽查工作中，认为房地产开发项目符合上述核定征收情形的，可以核定征收土地增值税。核定征收率原则上不得低于5%。

（8）征收机构

房地产所在地主管税务机关。纳税人转让的房产坐落在两个或两个以上地区的，应按房产所在地分别申报纳税。

（9）办理纳税手续程序

① 纳税人应在转让房地产合同签订后的七日内，到房地产所在地主管税务机关办理纳税申报，并向税务机关提交房屋及建筑物产权、土地使用权证书，土地转让、房产买卖合同，房地产评估报告及其他与转让房地产有关的资料。

纳税人因经常发生房地产转让而难以在每次转让后申报的，经税务机关审核同意后，可以定期进行纳税申报，具体期限由税务机关根据情况确定。

② 纳税人按照税务机关核定的税额及规定的期限缴纳土地增值税。

3.11　环保税

（1）纳税人

在中华人民共和国领域和中华人民共和国管辖的其他海域，直接向环境排放应税污染物的企业事业单位和其他生产经营者为环境保护税的纳税人。

（2）计税依据

① 应税大气污染物按照污染物排放量折合的污染当量数确定；

② 应税水污染物按照污染物排放量折合的污染当量数确定；

③ 应税固体废物按照固体废物的排放量确定；

④ 应税噪声按照超过国家规定标准的分贝数确定。

环境保护税税目税额表如表 3-3 所示。

表 3-3　环境保护税税目税额表

税目	计税单位	税额	备注
大气污染物	每污染当量	1.2 元至 12 元	
水污染物	每污染当量	1.4 元至 14 元	

续表

	税目	计税单位	税额	备注
固体废物	煤矸石	每吨	5 元	
	尾矿	每吨	15 元	
	危险废物	每吨	1 000 元	
	冶炼渣、粉煤灰、炉渣、其他固体废物（含半固态、液态废物）	每吨	25 元	
噪声	工业噪声	超标 1～3 分贝	每月 350 元	1.一个单位边界上有多处噪声超标。根据最高一处超标声级计算应纳税额；当沿边界长度超过 100 米有两处以上噪声超标，按照两个单位计算应纳税额。2.一个单位有不同地点作业场所的，应当分别计算应纳税额，合并计征。3.昼、夜均超标的环境噪声，昼、夜分别计算应纳税额，累计计征。4.声源一个月内超标不足 15 天的，减半计算应纳税额。5.夜间频繁突发和夜间突发厂界超标噪声，按等效声级和峰值噪声两种指标中超标分贝值高的一项计算应纳税额。
		超标 4～6 分贝	每月 700 元	
		超标 7～9 分贝	每月 1 400 元	
		超标 10～12 分贝	每月 2 800 元	
		超标 13～15 分贝	每月 5 600 元	
		超标 16 分贝以上	每月 11 200 元	

（3）征收机构

污染物排放地的税务机关。

（4）纳税义务发生时间

纳税人排放应税污染物的当日。

3.12　企业所得税

（1）纳税人

在中华人民共和国境内，企业和其他取得收入的组织（以下统称企业）为企业所得税的纳税人。

（2）计税依据

企业每一纳税年度的收入总额，减除不征税收入、免税收入、各项扣除以及允许弥补的以前年度亏损后的余额，为应纳税所得额。

（3）应纳税所得额计算原则

企业应纳税所得额的计算，以权责发生制为原则，属于当期的收入和费用，不论款项是否收付，均作为当期的收入和费用；不属于当期的收入和费用，即使款项已经在当期收付，均不作为当期的收入和费用。《中华人民共和国企业所得税法实施条例》和国务院财政、税务主管部门另有规定的除外。

（4）收入总额

企业以货币形式和非货币形式从各种来源取得的收入，为收入总额。包括：

① 销售货物收入：是指企业销售商品、产品、原材料、包装物、低值易耗品以及其他存货取得的收入。

② 提供劳务收入：是指企业从事建筑安装、修理修配、交通运输、仓储租赁、金融保险、邮电通信、咨询经纪、文化体育、科学研究、技术服务、教育培训、餐饮住宿、中介代理、卫生保健、社区服务、旅游、娱乐、加工以及其他劳务服务活动取得的收入。

③ 转让财产收入：是指企业转让固定资产、生物资产、无形资产、股权、债权等财产取得的收入。

④ 股息、红利等权益性投资收益：是指企业因权益性投资从被投资方取得的收入。

⑤ 利息收入：是指企业将资金提供他人使用但不构成权益性投资，或者因他人占用本企业资金取得的收入，包括存款利息、贷款利息、债券利息、欠款利息等收入。

⑥ 租金收入：是指企业提供固定资产、包装物或者其他有形资产的使用权取得的收入。

⑦ 特许权使用费收入：是指企业提供专利权、非专利技术、商标权、著作权以及其他特许权的使用权取得的收入。

⑧ 接受捐赠收入：是指企业接受的来自其他企业、组织或者个人无偿给予的货币性资产、非货币性资产。

⑨ 其他收入：是指企业取得的上述①～⑧项规定的收入外的其他收入，包括企业资产溢余收入、逾期未退包装物押金收入、确实无法偿付的应付款项、已作坏账损失处理后又收回的应收款项、债务重组收入、补贴收入、违约金收入、汇兑收益等。

货币形式收入，包括现金、存款、应收账款、应收票据、准备持有至到期的债券投资以及债务的豁免等。

非货币形式收入，包括固定资产、生物资产、无形资产、股权投资、存货、不准备持有至到期的债券投资、劳务以及有关权益等。

（5）不征税收入

收入总额中的下列收入为不征税收入：

① 财政拨款：是指各级人民政府对纳入预算管理的事业单位、社会团体等组织拨付的财政资金，但国务院和国务院财政、税务主管部

门另有规定的除外。

② 依法收取并纳入财政管理的行政事业性收费、政府性基金：行政事业性收费，是指依照法律法规等有关规定，按照国务院规定程序批准，在实施社会公共管理，以及在向公民、法人或者其他组织提供特定公共服务过程中，向特定对象收取并纳入财政管理的费用；政府性基金，是指企业依照法律、行政法规等有关规定，代政府收取的具有专项用途的财政资金。

③ 国务院规定的其他不征税收入：是指企业取得的，由国务院财政、税务主管部门规定专项用途并经国务院批准的财政性资金。

企业的不征税收入用于支出所形成的费用或者财产，不得扣除或者计算对应的折旧、摊销扣除。

（6）免税收入

企业的下列收入为免税收入：

① 国债利息收入；

② 符合条件的居民企业之间的股息、红利等权益性投资收益；

③ 在中国境内设立机构、场所的非居民企业从居民企业取得与该机构、场所有实际联系的股息、红利等权益性投资收益；

④ 符合条件的非营利组织的收入。

（7）扣除项目

企业实际发生的与取得收入有关的、合理的支出，包括成本、费用、税金、损失和其他支出，准予在计算应纳税所得额时扣除。

① 有关的支出是指与取得收入直接相关的支出。

② 合理的支出是指符合生产经营活动常规，应当计入当期损益或者有关资产成本的必要和正常的支出。

③ 成本是指企业在生产经营活动中发生的销售成本、销货成本、业务支出以及其他耗费。

④ 费用是指企业在生产经营活动中发生的销售费用、管理费用和财务费用，已经计入成本的有关费用除外。

⑤ 税金是指企业发生的除企业所得税和允许抵扣的增值税以外的各项税金及其附加。比如：消费税、土地增值税、城建税、教育费附加、资源税、房产税、车船税、城镇土地使用税、印花税等。

⑥ 损失是指企业在生产经营活动中发生的固定资产和存货的盘亏、毁损、报废损失，转让财产损失，呆账损失，坏账损失，自然灾害等不可抗力因素造成的损失以及其他损失。

企业发生的损失，减除责任人赔偿和保险赔款后的余额，依照国务院财政、税务主管部门的规定扣除。

企业已经作为损失处理的资产，在以后纳税年度又全部收回或者部分收回时，应当计入当期收入。

⑦ 其他支出是指除成本、费用、税金、损失外，企业在生产经营活动中发生的与生产经营活动有关的、合理的支出。

（8）费用可扣除标准

① 业务招待费：按实际发生额的 60% 扣除，且不超过当年销售（营业）收入的 0.5%。

② 广告与业务宣传费：一般企业不超过销售（营业）收入 15%，超过部分可结转；化妆品、医药等企业为 30%。

③ 利息支出：非金融企业向非金融企业借款的利息，不超过金融企业同期同类贷款利率部分可扣除。

④ 职工薪酬

a. 合理工资薪金全额扣除。

b. 职工福利费≤工资总额 14%。

c. 工会经费≤工资总额 2%。

d. 职工教育经费≤工资总额 8%（可结转）。

e. 社会保险与补充保险：五险一金全额扣除；补充养老 / 医疗保险≤工资总额 5%。

⑤ 研发费用：加计扣除（75% 或 100%）。

⑥ 公益性捐赠：≤年度利润总额 12%，超额部分可结转 3 年。

⑦ 环保专项资金：按规定提取的生态保护资金可扣除。

⑧ 续费及佣金：保险企业，不超过当年全部保费收入扣除退保金等后余额的 18%（含本数）的部分；其他企业不超过服务协议或者合同确认的收入金额的 5% 的部分。

（9）在计算应纳税所得额时，下列支出不得扣除：

① 向投资者支付的股息、红利等权益性投资收益款项；

② 企业所得税税款；

③ 税收滞纳金；

④ 罚金、罚款和被没收财物的损失；

⑤ 企业发生的公益性捐赠以外的捐赠支出；

⑥ 赞助支出；

⑦ 未经核定的准备金支出；

⑧ 与取得收入无关的其他支出。

（10）税率

① 企业所得税的税率为 25%；非居民企业适用税率为 20%。

② 符合条件的小型微利企业，减按 20% 的税率征收企业所得税。国家需要重点扶持的高新技术企业，减按 15% 的税率征收企业所得税。

（11）预缴管理

① 房地产开发企业按当年实际利润据实分季（或月）预缴企业所得税的，对开发、建造的住宅、商业用房以及其他建筑物、附着物、配套设施等开发产品，在未完工前采取预售方式销售取得的预售收入，按照规定的预计利润率分季（或月）计算出预计利润额，计入利润总

额预缴，开发产品完工、结算计税成本后按照实际利润再行调整。

② 房地产开发企业对经济适用房项目的预售收入进行初始纳税申报时，必须附送有关部门批准经济适用房项目开发、销售的文件以及其他相关证明材料。凡不符合规定或未附送有关部门的批准文件以及其他相关证明材料的，一律按销售非经济适用房的规定执行。

（12）征收机构

主管税务机关。

（13）纳税时间

按月或按季预缴的，应当自月份或季度终了之日起 15 日内缴纳；企业应当在年度终了之日起五个月内，向税务机关报送年度企业所得税纳税申报表，并汇算清缴，结清应缴应退税款。

3.13　个人所得税

根据《财政部　国家税务总局关于城镇房屋拆迁有关税收政策的通知》（财税〔2005〕45 号）第一条规定，对被拆迁人按照国家有关城镇房屋拆迁管理办法规定的标准取得的拆迁补偿款，免征个人所得税。

然而，如果拆迁补偿款超出了国家规定的标准，或者拆迁过程中涉及的其他收入（如房屋出租收入等），可能需要缴纳相应的税款。

第 4 章

房地产开发企业成本管理

4.1　项目成本控制

4.1.1　项目成本控制的意义

房地产开发属于投资大、周期长的行业，项目成本控制的成功与否，直接影响项目所能实现的利润。所以，房地产企业对成本控制有着重要的意义：

（1）确保企业经济效益

成本是影响企业利润的最直接因素。落实成本控制目标，通过制订有效的成本控制策略，在不降低项目质量的前提下，努力压降成本，确保目标利润的实现或提高盈利点。

（2）增强企业竞争力

随着房地产市场竞争的日益加剧，房地产产品的竞争不仅仅是价格的竞争，更是成本的竞争，成本控制的好坏直接影响一个企业的竞争力，只有好的成本控制手段，才能提升企业的盈利能力，进而增强企业的竞争力。

（3）助力产品合理定价

通过财务成本核算和成本控制，企业可以合理分配开发成本、基础设施建设成本、土地成本等，确保产品成本的真实性、合理性和准确性，有助于企业对项目产品的合理定价。

（4）实现可持续发展

成本控制不仅是企业稳健经营的基石，更是提升竞争力、实现可持续发展的关键，从而为企业的长期发展奠定坚实的基础。

4.1.2 项目成本控制的措施

成本控制措施是企业管理中的重要环节，它直接关系到企业的盈利能力和市场竞争力。以下是一些常见的成本控制措施：

（1）制订合理的规章制度

无规矩不成方圆，规章制度是保证企业有效运转的基础，通过规章制度来引导和管理员工的行为，树立全员成本控制的意识，并通过设立成本考核指标和奖励机制，激励员工积极降低成本，达到成本控制的目的。

（2）合理安排项目全景计划

通过合理的项目全景计划，确保工程进展的顺利进行，避免资源闲置和浪费。

（3）流程管理与优化

通过信息化手段，建立一套高效运转的管理流程，并对信息化系统运行过程中产生的问题及时改进。通过对流程的持续优化，提高生产效率和成本控制能力。

（4）加强成本核算与分析

完善成本核算制度，准确反映产品成本。通过对成本数据的深入分析，找出成本控制的关键点和潜在问题，为制订更有效的成本控制措施提供依据。

（5）建立集采平台

建立集采平台，与供应商建立长期稳定的合作关系，通过大宗交易降低原材料采购成本。

（6）对标管理

通过与同行业优秀企业进行对标，找出自身存在的问题或薄弱环节，制订有效的改进措施，达到成本控制的目标。

4.1.3　目标成本的控制和动态监控

房地产开发企业要根据产品的定位、功能、设计标准等因素，制订目标成本。一般情况下，项目的目标成本是一个房地产企业成本控制的最高发生额，最终项目结算后的成本原则不可突破目标成本，否则就会产生管理失衡的风险。

另外，目标成本的控制是一个动态的过程，过程中可能因洽商、变更等原因影响目标成本。因此，房地产开发企业要管理好项目成本，并通过信息化手段（例如：成本管理系统、预算系统、付款管理系统）把各个业务环节串联起来，起到真正成本控制的目的。项目成本管理表详见表 4-1。

表 4-1　项目成本管理表

金额单位：万元

序号	成本内容	目标成本①	动态成本②=③+⑦	已发生成本				待发生成本预估⑦
				合计③=④+⑤+⑥	签约金额④	审定洽商变更金额⑤	其他已确定发生金额⑥	
	总计							
1	**土地开发费**							
1.1	地价及税费							
1.1.1	土地出让金							
1.1.2	税费							
1.1.3	上缴大市政费							
1.1.4	地价咨询（评估）费							

续表

序号	成本内容	目标成本①	动态成本②=③+⑦	已发生成本				待发生成本预估⑦
				合计③=④+⑤+⑥	签约金额④	审定洽商变更金额⑤	其他已确定发生金额⑥	
1.2	征地及拆迁费							
1.2.1	征地税费							
1.2.2	拆迁补偿费							
1.2.3	房屋所有权补偿费							
1.2.4	拆迁手续费							
1.2.5	拆迁费							
1.2.6	树木补偿费							
1.2.7	其他征地拆迁费							
1.3	其他费用							
1.3.1	资金占用费							
1.3.2	土地闲置费							
1.3.3	滞纳金							
1.3.4	其他土地开发费							
2	**前期工程费**							
2.1	工程咨询费							
2.1.1	可行性研究费							
2.1.2	市场调研费							
2.1.3	工程监理费							
2.1.4	造价及合约咨询费							
2.1.5	消防咨询费							
2.1.6	沉降观测费							
2.1.7	监测检测费							
2.1.8	地震安评及地基分析费							
2.1.9	第三方检测费							

续表

序号	成本内容	目标成本①	动态成本②=③+⑦	已发生成本				待发生成本预估⑦
				合计③=④+⑤+⑥	签约金额④	审定洽商变更金额⑤	其他已确定发生金额⑥	
2.1.10	其他咨询费							
2.2	报批报建费							
2.2.1	规划论证验收费							
2.2.2	交通论证费							
2.2.3	环境论证费							
2.2.4	施工图审查费							
2.2.5	日照分析费							
2.2.6	地籍图及地名办理费							
2.2.7	房屋测绘费							
2.2.8	产权办理费							
2.2.9	其他报批报建费							
2.3	勘察设计费							
2.3.1	勘察测绘费							
2.3.2	文物勘探费							
2.3.3	地质勘察费							
2.3.4	方案及施工图设计费							
2.3.5	精装修设计费							
2.3.6	景观园林设计费							
2.3.7	市政类专业设计费							
2.3.8	设计咨询费							
2.3.9	其他勘察设计费							
2.4	其他前期费用							
2.4.1	招投标代理费							
2.4.2	招投标服务费（标办）							

续表

序号	成本内容	目标成本①	动态成本②=③+⑦	已发生成本				待发生成本预估⑦
				合计③=④+⑤+⑥	签约金额④	审定洽商变更金额⑤	其他已确定发生金额⑥	
2.4.3	评标专家费							
2.4.4	建安工程一切险费用							
2.4.5	工程担保费							
2.4.6	散装水泥专项基金							
2.4.7	墙体材料专项基金							
2.4.8	办理施工许可证费							
2.4.9	合同印花税							
2.4.10	障碍物拆除费							
2.4.11	树木伐移费							
2.4.12	临水临电费							
2.4.13	临时道路场地平整费							
2.4.14	临时围墙等临时设施费							
2.4.15	各市政部门审批费（小市政）							
2.4.16	前期模型制作费							
2.4.17	晒图、复印费							
2.4.18	交楼前供暖费							
2.4.19	其他费用							
3	**基础设施费**							
3.1	大市政管线综合设计费							
3.2	红线内（室外）基础设施工程费							
3.2.1	室外管线工程费							
3.2.1.1	电力管线工程费							

续表

序号	成本内容	目标成本 ①	动态成本 ②＝③＋⑦	已发生成本				待发生成本预估 ⑦
				合计 ③＝④＋⑤＋⑥	签约金额 ④	审定洽商变更金额 ⑤	其他已确定发生金额⑥	
3.2.1.2	电信管线工程费							
3.2.1.3	上水管线工程费							
3.2.1.4	雨污水管线工程费							
3.2.1.5	中水管线工程费							
3.2.1.6	燃气管线工程费							
3.2.1.7	热力管线工程费							
3.2.1.8	其他室外管线工程费							
3.2.2	热力站／锅炉房工程费							
3.2.2.1	热力站／锅炉房土建工程费							
3.2.2.2	热力站／锅炉房设备及安装调试费							
3.2.2.3	其他费用							
3.2.3	配电室（站）费							
3.2.3.1	土建工程费							
3.2.3.2	配电设备安装调试费							
3.2.3.3	其他费用							
3.2.4	燃气调压箱站费							
3.2.5	园林景观费							
3.2.5.1	绿化、铺装及道路费							
3.2.5.2	景观及照明工程费							
3.2.5.3	围墙工程费							
3.2.5.4	室外标识、美工及室外设施工程费							

续表

序号	成本内容	目标成本①	动态成本②=③+⑦	已发生成本				待发生成本预估⑦
				合计③=④+⑤+⑥	签约金额④	审定洽商变更金额⑤	其他已确定发生金额⑥	
3.2.5.5	其他园林景观工程费							
3.2.6	其他室外工程费							
3.3	红线外基础设施工程费							
3.3.1	红线外自来水工程费							
3.3.1.1	设计费							
3.3.1.2	工程费							
3.3.1.3	其他报批报审报建费							
3.3.2	红线外雨污水工程费							
3.3.2.1	设计费							
3.3.2.2	工程费							
3.3.2.3	其他报批报审报建费							
3.3.3	红线外燃气工程费							
3.3.3.1	设计费							
3.3.3.2	工程费							
3.3.3.3	其他报批报审报建费							
3.3.4	红线外热力工程费							
3.3.4.1	设计费							
3.3.4.2	工程费							
3.3.4.3	其他报批报审报建费							
3.3.5	红线外供电工程费							
3.3.5.1	红线外供电设计费							
3.3.5.2	电力外线工程费							
3.3.5.3	开闭站工程费							
3.3.5.4	其他报批报审报建费							

续表

序号	成本内容	目标成本①	动态成本②=③+⑦	已发生成本				待发生成本预估⑦
				合计③=④+⑤+⑥	签约金额④	审定洽商变更金额⑤	其他已确定发生金额⑥	
3.3.6	红线外弱电工程费							
3.3.6.1	设计费							
3.3.6.2	工程费							
3.3.6.3	其他红线弱电费							
3.3.7	红线外道路工程费							
3.3.7.1	设计费							
3.3.7.2	工程费							
3.3.7.3	其他红线外道路费							
3.3.8	红线外绿化工程费							
3.3.8.1	设计费							
3.3.8.2	工程费							
3.3.8.3	其他红线外绿化费							
3.4	其他基础设施建设费							
4	**建筑安装工程费**							
4.1	建筑工程费							
4.1.1	土方护坡降水及地基处理工程费							
4.1.1.1	土石方工程费							
4.1.1.2	基坑支护工程费							
4.1.1.3	降水工程费							
4.1.1.4	地基处理工程费							
4.1.2	主体工程费							
4.1.2.1	结构工程费							
4.1.2.2	二次结构及室内初装工程费							

序号	成本内容	目标成本①	动态成本②=③+⑦	已发生成本				待发生成本预估⑦
				合计③=④+⑤+⑥	签约金额④	审定洽商变更金额⑤	其他已确定发生金额⑥	
4.1.2.3	外保温工程费							
4.1.2.4	屋面工程费							
4.1.3	门类及小五金工程费							
4.1.3.1	单元门费用							
4.1.3.2	户门费用							
4.1.3.3	防火门费用							
4.1.3.4	防火卷帘门费用							
4.1.3.5	其他门类费用							
4.1.4	外装饰工程费							
4.1.4.1	外窗工程费							
4.1.4.2	幕墙工程费							
4.1.4.3	涂料工程费							
4.1.4.4	面砖工程费							
4.1.4.5	石材工程费							
4.1.4.6	金属构件工程费							
4.1.4.7	其他外装工程费							
4.2	机电安装工程费（指初装费）							
4.2.1	强电工程费							
4.2.1.1	变配电工程费							
4.2.1.2	动力、照明、防雷接地费							
4.2.2	弱电工程费							
4.2.2.1	卫星及有线电视系统工程费							

续表

序号	成本内容	目标成本①	动态成本②=③+⑦	已发生成本				待发生成本预估⑦
				合计③=④+⑤+⑥	签约金额④	审定洽商变更金额⑤	其他已确定发生金额⑥	
4.2.2.2	安防系统工程费							
4.2.2.3	电话及网络工程费							
4.2.2.4	楼宇自控系统工程费							
4.2.2.5	停车场管理系统工程费							
4.2.3	给排水工程费							
4.2.3.1	给排水费							
4.2.3.2	中水工程费							
4.2.4	暖通工程费							
4.2.4.1	采暖工程费							
4.2.4.2	通风空调系统费							
4.2.5	电梯工程费							
4.2.5.1	电梯供应费							
4.2.5.2	电梯安装费							
4.2.6	消防工程费							
4.2.6.1	火灾报警及消防联动系统费							
4.2.6.2	消防水系统费							
4.2.7	室内燃气工程费							
4.2.8	其他机电安装工程费							
4.3	精装修工程费							
4.3.1	公共区域装饰装修工程费							
4.3.1.1	大堂/门厅用							
4.3.1.2	电梯厅用							

续表

序号	成本内容	目标成本①	动态成本 ②=③+⑦	已发生成本				待发生成本预估⑦
				合计 ③=④+⑤+⑥	签约金额④	审定洽商变更金额⑤	其他已确定发生金额⑥	
4.3.1.3	公共走廊费用							
4.3.1.4	地下精装修工程费							
4.3.1.5	机房及楼梯间费用							
4.3.1.6	室内标识及美工、信报箱费用							
4.3.1.7	增加交通车位施划及设施费							
4.3.1.8	其他公共部分装修费							
4.3.2	非公共区域精装修费（含机电末端费）							
4.3.2.1	户内精装修工程费（含机电末端费）							
4.3.2.2	洁具工程费							
4.3.2.3	橱柜工程费							
4.3.2.4	家用电器费							
4.3.2.5	其他费用							
4.3.3	其他部分精装修费							
4.4	其他建安工程费							
4.4.1	竣工资料编制费							
4.4.2	质量检验费							
4.4.3	质量监督费							
4.4.4	环境检测费							
4.4.5	其他费用							
5	**公共配套设施费**							
5.1	独立人防工程费							
5.2	独立垃圾楼费用							

续表

序号	成本内容	目标成本①	动态成本②=③+⑦	已发生成本				待发生成本预估⑦
				合计③=④+⑤+⑥	签约金额④	审定洽商变更金额⑤	其他已确定发生金额⑥	
5.3	独立学校费用							
5.4	独立幼儿园费用							
5.5	独立会所费用							
5.6	独立泳池费用							
5.7	独立商业楼费用							
5.8	独立车库费用							
5.9	其他独立配套设施费							
5.10	配套补偿费							
5.10.1	教育补偿费							
5.10.2	绿化补偿费							
5.10.3	房屋补偿费							
5.10.4	人防异地建设补偿费							
6	**间接费用**							
6.1	项目管理费							
6.2	物业启动费							
7	**不可预见费**							
8	**融资成本**							

4.2　预算管理

4.2.1　预算的编制原则

（1）科学性

预算编制需结合市场环境、企业战略目标，确保预算的科学性与可行性。

（2）灵活性

预算应考虑企业经营活动及市场的变化，保持一定的灵活性以应对不确定性。

（3）透明性

预算编制过程需公开透明，确保所有相关方对预算有清晰的认识和理解。

（4）参与性

鼓励企业全员参与预算编制过程，提高预算的可执行性和接受度。

4.2.2 预算的类型

（1）按照时间划分

预算按时间跨度可分为短期预算和长期预算。

① 短期预算。通常覆盖一年或更短的时间周期，主要用于日常运营和短期目标的财务规划。它帮助组织或个人及时应对市场变化，调整经营策略。例如，企业会制订年度销售预算、生产预算等，以确保年度经营目标的顺利实现。

② 长期预算。长期预算则涉及更长时间跨度的财务规划，如三到五年甚至更长的战略规划期。它主要用于资本投资、研发项目、市场拓展等重大决策。长期预算的制订需要更全面的市场分析和风险评估，以确保资源的合理配置和长期目标的达成。

（2）按照内容划分

按内容分为经营预算、专门决策预算、财务预算。

① 经营预算。经营预算也称为业务预算，是指与日常业务直接相关的一系列预算，如销售预算、生产预算、采购预算、费用预算、人力资源预算等，它直接反映了组织的核心业务活动。

② 专门决策预算。专门决策预算则针对特定的投资决策或项目，如新建生产线、并购项目等。这类预算通常涉及大额资金支出，且风险较高，因此需要更为谨慎地评估和决策。

③ 财务预算。财务预算则是综合反映组织财务状况和成果的预算，与企业资金收支、财务状况或经营成果等有关，包括资产负债表预算、利润表预算和现金流量表预算等。

（3）按照编制方法划分

按编制方法分为增量预算、零基预算、固定预算、弹性预算、定期预算、滚动预算等。

① 增量预算。增量预算是以历史期实际经济活动及其预算为基础，结合预算期经济活动及相关影响因素的变动情况，通过调整历史期经济活动项目及金额形成的预算。

② 零基预算。零基预算是不以历史期经济活动及其预算为基础，以零为起点，从实际需要出发分析预算期经济活动的合理性，经综合平衡形成的预算。

③ 固定预算。固定预算是根据预算期内正常的、可实现的某一业务量水平编制的预算，适用于固定费用或数额比较稳定的项目。

④ 弹性预算。弹性预算是根据业务量、成本和利润之间的依存关系，按照预算期内相关的业务量水平计算其相应预算项目所消耗资源的预算，适用于与业务量有关的成本、利润等项目。

⑤ 定期预算。定期预算是以不变的会计期间（如年度、季度、月

份）作为预算期编制的预算。

⑥ 滚动预算。滚动预算是随时间的推移和市场条件的变化而自行延伸并进行同步调整的预算，适用于季度预算的编制。

4.2.3　预算编制类型的选择

首先，要明确预算的目标和用途。不同的预算目标需要不同的分类标准来支持。例如，对于短期运营目标，可以选择按时间跨度或功能类型进行分类；对于长期战略规划，则可能需要考虑按灵活性与可变性或组织层级进行分类。

其次，要考虑组织的实际情况和资源状况。不同的组织在规模、业务类型、管理风格等方面存在差异，因此需要根据自身情况选择合适的预算分类标准。同时，随着组织的发展和外部环境的变化，预算分类标准也需要进行适时调整和优化。

最后，要注重预算分类标准的实用性和可操作性。分类标准应该简洁明了、易于理解和执行。过于复杂或烦琐的分类标准可能会增加执行难度和成本，降低预算管理的效率和效果。

综上所述，预算的分类是一个复杂而细致的过程。通过合理选择和应用不同的分类标准，组织或个人能够更有效地进行财务规划和决策，实现资源的合理配置和有效利用。

4.3　资金计划

本节的"资金计划"区别于上述的"预算管理"，它是围绕预算进行编制的，即是预算的细化落实，以确保公司预算目标的实现。

4.3.1　资金计划的作用

（1）合理安排资金使用

通过资金计划，企业可以对未来一段时间内（比如说 1 个月、1 个季度等）的资金需求进行预测和安排，避免资金的闲置和浪费，提高资金的利用效率。

（2）防范企业风险

资金计划通过对企业未来一段时间内的资金收支情况进行铺排，及时发现潜在的风险点（例如是否存在资金缺口），并采取相应的措施进行规避，确保企业运行过程中的资金充足性，有助于降低企业的经营风险和财务风险。

（3）优化资源配置

通过制订合理的资金计划，企业可以优化资金结构，降低资金成本；还可以促进企业内部各部门之间的协调和合作，实现资源的优化配置。

（4）提供决策支持

通过执行详细的资金计划，可以让管理层了解未来一段时间内企业的运营情况以及风险点，为企业的战略决策提供关键信息，帮助管理层做出明智的财务决策。

4.3.2　资金计划的分类

常见的编制方法分为定期资金计划和滚动资金计划等。

（1）定期资金计划

定期资金计划是以不变的会计期间（如 1 个月、1 个季度等）作为周期编制的资金计划。

（2）滚动资金计划

滚动资金计划是随时间的推移和市场条件的变化而自行延伸并进行同步调整的资金计划，比如 3 个月或 6 个月等。

4.3.3 资金计划的编制

企业每月要制订资金计划，采取"由下而上""上下结合"的报送方式，各专业部门根据资金使用计划，按照企业要求的编制方式（如表 4-2 所示的资金计划样表）向财务部门报送资金计划，财务部门汇总后进行审核，并结合公司资金的实际情况提出资金使用计划，反馈给专业部门进行修改完善。财务部门将完善后的资金计划报给公司管理层进行决策执行。

表 4-2　××企业 2×25 年×月资金计划样表

编制单位：　　　　　　　　　　　　　　　　　　　　　金额单位：万元

序号	合同名称/事项	对方单位名称	合同额	累计付款额	本月计划	提报部门	提报人
一	资金收入合计						
（一）	经营活动						
1							
2							
……							
（二）	投资活动						
1							
2							
……							
（三）	筹资活动						
1							
2							

续表

序号	合同名称/事项	对方单位名称	合同额	累计付款额	本月计划	提报部门	提报人
……							
二	资金支出合计						
（一）	经营活动						
1							
2							
……							
（二）	投资活动						
1							
2							
……							
（三）	筹资活动						
1							
2							
……							
三	资金收支盈余						
四	期初资金余额						
五	期末资金余额						

4.3.4　资金计划的执行管理

资金计划制订后，如何保证资金计划的高效执行呢？有的企业一般用资金计划执行率进行量化，并根据资金计划执行率纳入部门绩效考核。该管理方式需要注意以下几点：

一是需要公司管理层的高度认可，只有得到公司管理层的支持，资金计划的执行才有推动力。

二是需要各部门的配合，各部门要依据公司的预算编制切实可行的资金计划，确保资金计划执行的高效。

三是让员工对资金计划的执行有充分的理解，且资金计划执行的考核不是目的，而是促成资金计划落实的手段，需要企业全员的共同努力，配合完成。

4.4　付款管理

付款管理也是资金计划的执行，付款活动是成本管理的最后一个环节，所以付款管理是很重要的一项工作，企业要根据实际情况制订自身的付款管理程序，确保资金的安全及高效。

4.4.1　资金付款审核的原则

（1）合规性原则

资金支付应符合国家法律法规，符合企业内部管理制度的规定。

（2）真实性原则

资金支付必须基于真实的业务背景，有足够的业务材料支撑付款业务，确保支付款项的真实性和合法性。

（3）效益性原则

资金支付应遵循效益性原则，确保资金使用效益最大化，避免资金浪费和滥用。

（4）预算管理原则

所有资金支付应纳入预算管理，原则上坚持无预算不支付；特殊情况下需要按照公司管理规定，履行资金支付审批程序，确保资金使用的计划性和可控性，避免企业出现资金风险。

（5）授权审批原则

资金支付需经过相关负责人的授权审批，企业要依据自身的信息化系统，设置相关的审批流程，尽量避免手工审批操作，确保支付的合法性和合规性。

4.4.2　资金付款审核的流程

（1）申请阶段

各部门根据业务需要，向财务部门提出支付申请，并提供相关业务凭证和支付依据。

（2）初步审核阶段

财务部门对支付申请进行初步审核，包括是否在资金计划范围内、付款材料是否符合要求、付款金额是否正确等。

（3）审批阶段

财务部门将初步审核通过的支付申请提交给企业相关部门及具有审批权的管理层审批。

（4）支付阶段

财务部门根据审批通过的支付申请，办理资金支付手续。

（5）记录阶段

财务部门对支付款项进行会计记录，确保资金支付的准确性和完整性。

4.5　成本管理各环节的关系

如图 4-1 所示，目标成本、预算管理、资金计划和付款管理，该四项活动从左到右看作是一个控制的关系，即上一级控制下一级。例如，目标成本制订后，在编制年度预算时，成本预算的额度不能超过目标成本；资金计划又是预算的细化分解，必须在年度预算的范围内编制合理、可行的资金计划；付款管理实际也是资金计划的执行，也必须是在计划内的付款。

该四项活动从右到左看作是一个执行的关系，即下一级执行上一级。付款管理执行资金计划，资金计划执行预算管理、预算管理执行目标成本。

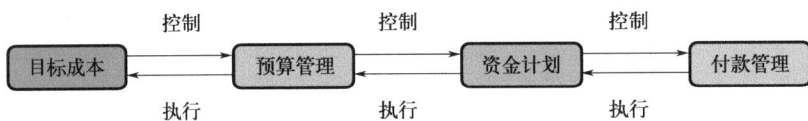

图 4-1　成本管理各环节的关系

4.6　信息化系统在成本管理中的应用

业财一体化的关键在于业务流程和财务流程的融合、数据共享，打破以往业务部门和财务部门各行其是，数据、流程割裂的情况。而想要做到这一点，就必须将以往线下进行的流程转移到线上，同时由一个系统对所有的流程和信息进行集成，实现数据联通，从而为决策提供信息，确保企业运行高效、合规等，提升企业管理的可持续性。

房地产开发企业常用的信息化系统包括：

（1）项目成本管理系统

该系统是项目目标成本的管理系统（比如明源成本管理系统），其成本科目包含了整个项目涉及的事项，由企业的成本部门进行录入和维护，并进行动态的监控和调整。图 4-2 所示为某项目目标成本管理系统的部分成本项目。

（2）项目资金付款系统

该系统负责项目资金付款的发起、审批及付款；该系统与年度预算、资金计划相结合，超出年度预算以及不在月度资金计划内的，该系统将不支持该付款工作，以确保企业资金计划的控制性及执行性。图 4-3 所示为某项目资金付款系统的付款审批单。

目标成本

	名称	编号	所属科目	调整前	调整	调整后
☐	˅ 建安成本	A	一级科目			
☐	˅ 总承包工程	A.01	二级科目			
☐	总承包工程	A.01.01	合约规划			
☐	总承包工程（01 8/019地块）	A.01.02	合约规划			
☐	˅ 分包及直接发包工程	A.02	二级科目			
☐	铝合金门窗幕墙工程	A.02.01	合约规划			
☐	外墙涂料及保温工程	A.02.02	合约规划			
☐	消防工程	A.02.03	合约规划			
☐	弱电工程	A.02.04	合约规划			
☐	电梯供应	A.02.05	合约规划			
☐	电梯安装	A.02.06	合约规划			
☐	地坪漆、车库划线及标识标牌	A.02.07	合约规划			
☐	入户门（钢木门）	A.02.08	合约规划			
☐	智能锁	A.02.09	合约规划			
☐	光伏供应及安装	A.02.10	合约规划			
☐	充电桩	A.02.11	合约规划			
☐	防火门	A.02.12	合约规划			
☐	配电箱	A.02.13	合约规划			
☐	电缆	A.02.14	合约规划			
☐	防水工程	A.02.15	合约规划			

图 4-2　某项目目标成本管理系统的部分成本项目

（3）其他系统

比如费用报销系统、企业 OA 协同办公平台等，该系统在企业比较常见，不再赘述。

合同xxxx xx期 总承包工程-01第0x付款 付款审批

基本信息

付款名称: 合同xxxx xx期 总承包工程-01第0x付款

申请编号: xxxx 项目名称: xxxx

合同名称: xxxx

合同编号: xxxx

合同金额+已审批变更金额(不含增值税额):0 合同金额+已审批变更金额(含增值税额):0

资金计划版本: 当月 资金计划余量: xxxx

计划支付款: xxxx 款项类型: 工程款

是否补录: 否

付款信息

付款单位: xxxx

收款单位: xxxx

开户银行: xxxx 银行账户: xxxxxxxxxxxxxxxxxx

应付金额: xxxx

工人工资监管专户: xxxxxxxxxxxxxxxxxxxx

开户银行: xxxx 银行账户: xxxxxxxxxxxxxxxxxx

应付金额: xxxx

付款金额明细

本次完成产值(不含税): xxxx 累计完成产值(不含增值税,含本次): xxxx

本次完成产值(含增值税): xxxx 累计完成产值(含增值税,含本次): xxxx

累计完成产值占合同金额+已审批变更金额比例(%): xx

本次开票金额(不含增值税): xxxx 累计开票金额(不含增值税,含本次): xxxx

本次开票增值税额 xxxx 累计开票增值税(含本次): xxxx

本次开票金额(含增值税): xxxx 累计开票金额(含增值税,含本次): xxxx

本次申请付款金额(含增值税): xxxx 累计申请付款金额(含增值税,含本次): xxxx

本次申请付款占本次完成产值(含增值税)比例(%): xx 累计申请付款占累计完成产值(含增值税)比例(%): xx

本次未冲销预付款金额: xxxx 累计未冲销预付款金额: xxxx

本次应扣履约保证金金额(含增值税): xxxx 累计已扣履约保证金金额(含增值税,含本次): xxxx

代付代扣金额: xxxx 代付代扣说明: 无

借款冲销金额(含税): xxxx 借款冲销说明: 无

累计实付金额(含增值税,不含本次): xxxx

应付金额(含税): xxxx 累计实付金额(含增值税,含本次): xxxx

图4-3 某项目资金付款系统的付款审批单

第 5 章

房地产开发企业会计核算科目

5.1　会计科目设置

房地产开发企业和其他类型企业一样，其会计科目分为资产类科目、负债类科目、所有者权益类科目、成本类科目和损益类科目，如表 5-1 所示。

表 5-1　会计科目

序号	科目编号	科目名称	辅助核算
		资产类	
1	1001	库存现金	
2	1002	银行存款	
3	1012	其他货币资金	
4	1101	交易性金融资产	
5	1121	应收票据	
6	1122	应收账款	
7	1123	预付账款	
8	1131	应收股利	
9	1132	应收利息	
10	1221	其他应收款	
11	1231	坏账准备	
12	1401	材料采购	
13	1402	在途物资	
14	1403	原材料	
15	1405	库存商品	
16	1409	开发产品	
17	1411	周转材料	

序号	科目编号	科目名称	辅助核算
18	1462	合同资产	
19	1463	合同资产减值准备	
20	1464	合同履约成本	
21	1471	存货跌价准备	
22	1501	债权投资	
23	1502	债权投资信用减值准备	
24	1505	其他权益工具投资	
25	1506	其他权益工具投资减值准备	
26	1507	其他债权投资	
27	1508	其他债权投资减值准备	
28	1511	长期股权投资	
29	1512	长期股权投资减值准备	
30	1521	投资性房地产	
31	1522	投资性房地产累计折旧	
32	1523	投资性房地产减值准备	
33	1531	长期应收款	
34	1532	未实现融资收益	
35	1601	固定资产	
36	1602	累计折旧	
37	1603	固定资产减值准备	
38	1604	在建工程	
39	1605	工程物资	
40	1651	使用权资产	
41	1652	使用权资产累计折旧	
42	1653	使用权资产减值准备	
43	1701	无形资产	

序号	科目编号	科目名称	辅助核算
44	1702	累计摊销	
45	1703	无形资产减值准备	
46	1704	开发支出	
47	1711	商誉	
48	1712	商誉减值准备	
49	1801	长期待摊费用	
50	1803	合同取得成本	
51	1804	合同取得成本减值准备	
52	1811	递延所得税资产	
负债类			
53	2001	短期借款	
54	2101	交易性金融负债	
55	2201	应付票据	
56	2202	应付账款	
57	2203	预收账款	
58	2204	合同负债	
59	2211	应付职工薪酬	
60	2221	应交税费	
61	2231	应付利息	
62	2232	应付股利	
63	2241	其他应付款	
64	2401	递延收益	
65	2501	长期借款	
66	2502	应付债券	
67	2701	长期应付款	
68	2702	未确认融资费用	

序号	科目编号	科目名称	辅助核算
69	2703	租赁负债	
70	2711	专项应付款	
71	2801	预计负债	
72	2901	递延所得税负债	
		所有者权益类	
73	4001	实收资本（股本）	
74	4002	资本公积	
75	4005	其他综合收益	
76	4101	盈余公积	
77	4103	本年利润	
78	4104	利润分配	
79	4201	库存股	
80	4401	其他权益工具	
81	4999	少数股东权益	
		成本类	
82	5002	开发成本	
83	5002001	土地开发	
84	5002002	房屋开发	
		损益类	
85	6001	主营业务收入	
86	6051	其他业务收入	
87	6101	公允价值变动损益	
88	6111	投资收益	
89	6112	其他收益	
90	6113	资产处置损益	
91	6301	营业外收入	

续表

序号	科目编号	科目名称	辅助核算
92	6401	主营业务成本	
93	6402	其他业务成本	
94	6403	税金及附加	
95	6601	销售费用	
96	6602	管理费用	
97	6603	财务费用	
98	6701	资产减值损失	
99	6702	信用减值损失	
100	6711	营业外支出	
101	6801	所得税费用	
102	6901	以前年度损益调整	

（1）资产类科目

资产类科目是指企业在日常经营活动中所拥有的、能够为企业带来未来经济利益的资源。这些资源可以是具体的实物，也可以是无形的权利。资产类科目按照流动性可以分为流动资产和非流动资产两大类。在资产类科目中，"开发产品"是房地产开发企业特别设置的会计科目，其他会计科目属于各类企业通用的会计科目；另外，有的房地产开发企业会涉及"周转房"的业务，并根据实际情况单独设立"周转房"会计科目进行核算管理。

（2）负债类科目

负债类科目是指用于反映企业所承担的债务的会计科目，主要分为流动负债和长期负债两类。在负债类科目中，房地产开发企业预售环节常用的会计科目是"合同负债"。

（3）所有者权益类科目

所有者权益类科目是指在企业财务报表中反映企业所有者对企业的投资及其变动情况的会计科目。这些科目主要包括以下几类：实收资本（或股本）、资本公积、盈余公积、其他综合收益、本年利润、利润分配等，这些科目共同反映了企业的净资产状况，是衡量企业财务健康状况的重要指标。

（4）成本类科目

成本类科目是反映成本费用和支出的，属于过渡性科目，是用于核算成本的发生和归集情况、提供成本相关会计信息的会计科目。对于房地产开发企业来说，其一级科目为"开发成本"。

（5）损益类科目

损益类科目是为核算"本年利润"服务的，具体包括收入类科目、成本费用类科目等；在期末（月末、季末、年末）这类科目累计余额需转入"本年利润"账户，结转后这些账户的余额应为零。

（6）辅助核算

① 会计辅助核算的作用

a. 多维度数据分析。辅助核算可以帮助企业进行多维度的成本分析和数据统计。例如，按产品类型、部门或项目进行辅助核算，使企业能够清晰看到每种辅助项目情况。通过输入相关数据，软件会自动计算并呈现详尽的分析报告，极大地提升了决策效率。

b. 优化内部流程。辅助核算能够优化企业的内部流程，减少不必要的重复工作，提升整体运营效率。例如，通过设置部门辅助核算，可以轻松统计各部门的收支情况；通过客户辅助核算，有助于追踪应收账款的状态。

② 房地产开发企业主要会计科目辅助核算设置

a. 银行存款：银行存款核算的主要内容包括企业存入银行或其他金融机构的各种款项。可设置"币种""开户行""银行账号"等辅助核算。

b. 开发成本：核算房地产企业开发过程中发生的各项购建成本。可设置"开发产品类型——房屋、土地""项目名称""商品房类型——办公、住宅""合同""供应商"等辅助核算。

c. 应付账款：主要核算应付供应商的应付款项。可设置"项目名称""合同""供应商"等辅助核算。

d. 合同负债：房地产开发企业主要核算预收客户的房款。可设置"预售合同""客户名称""预售房屋号""商品房类型——办公、住宅""所属项目"等辅助核算。

e. 主营业务收入：是指企业通过其主要经营活动所获取的收入，主要包括销售商品收入、提供劳务收入以及特定行业的特殊收入，可设置"预售合同""客户名称""预售房屋号""商品房类型——办公、住宅""所属项目"等辅助核算。

企业可以根据业务的实际情况，结合信息化系统设置适当的辅助核算科目，也可以直接将部分辅助核算科目设置成更为直观的会计二级科目。

5.2　主要会计科目核算内容

（1）开发成本

"开发成本"科目是房地产企业独有的成本科目，用于核算房地产开发过程中发生的各项购建成本。根据《房地产开发经营业务企业所得税处理办法》（国税发〔2009〕31 号）第二十七条规定，并按照《企业产品成本核算制度（试行）》（财会〔2013〕17号）对房地产企业产品成本核算项目的设置要求，以及《中华人民共和国土地增值税暂行条例实施细则》（财法字〔1995〕6号）对扣除成本费用项目的规定，房地产开发企业一般在"开发成本"一级会计科目下设置土地征用及拆迁补偿费、前期工程费、建筑安装工程费、基础设施建设费、公共配套设施费、开发间接费用二级成本科目。具体核算内容如下：

① 土地征用及拆迁补偿费，是指为取得土地开发使用权（或开发权）而发生的各项费用，包括土地买价或出让金、大市政配套费、契税、耕地占用税、土地使用费、土地闲置费、农作物补偿费、危房补偿费、土地变更用途和超面积补交的地价及相关税费、拆迁补偿费用、安置及动迁费用、回迁房建造费用等。企业可以根据以上内容设置三级成本科目。

② 前期工程费，是指项目开发前期发生的政府许可规费、招标代理费、临时设施费以及水文地质勘察、测绘、规划、设计、可行性研究、咨询论证费、筹建、场地通平、监理、考古、交通评估、环境评估等前期费用。企业可以根据以上内容设置三级成本科目。

③ 建筑安装工程费，是指开发项目开发过程中发生的各项主体建筑的建筑工程费、安装工程费及精装修费等。一般应包括总包费、甲供材料费、供暖工程费、燃气工程费、给排水工程费、电力工程费、消防工程费、通信工程费、通风与空调工程费、电梯工程费、门窗工程费、幕墙工程费、公共部位装修费、样板间装修费、房屋精装修费等。企业可以根据以上内容设置三级成本科目。

④ 基础设施建设费，是指开发项目在开发过程中发生的道路、供水、供电、供气、供暖、排污、排洪、消防、通信、照明、有线电视、宽带网络、智能化等社区管网工程费和环境卫生、园林绿化等园林、景观环境工程费用等。企业可以根据以上内容设置三级成本科目。

⑤ 公共配套设施费，是指开发项目内发生的、独立的、非营利性的且产权属于全体业主的，或无偿赠与地方政府、政府公共事业单位的公共配套设施费用等。一般应包括学校、邮电局、物业用房、商业、车库、公园、会所、医院、派出所、居委会、托老所建设工程费以及土壤改造费（包括污染土治理费）等。企业可以根据以上内容设置三级成本科目。

⑥ 开发间接费用，是指企业为直接组织和管理开发项目所发生的，且不能将其直接归属于成本核算对象的工程保险费、借款费用、职工薪酬、折旧费、机物料消耗、计量信息维护费、运输费、修理费、办公费、差旅费、会议费、低值易耗品摊销、劳务费、租赁费、其他开发间接费用等。企业可以根据以上内容设置三级成本科目。

a. 工程保险费，是指为组织产品生产管理，向社会保险机构或其他机构投保的工程项目资产所支付的保险费用。企业统一投保的，应按照开发项目实际占有资产情况合理分配保费。

b. 借款费用，是指企业采取向银行或其他金融机构等借款、发行债券等方式筹资所承担的符合资本化条件的借款费用，包括利息、折价或溢价摊销、融资费用及外币借款汇兑差额等。

c. 职工薪酬，是指为生产产品向职工提供的各种形式的报酬及各项附加费用。职工薪酬主要包括职工工资及各项津贴、福利费、工会经费、职工教育经费、社会保险费、住房公积金、其他劳动保险及劳务派遣费用等。企业应按合同标的性质区分职工薪酬与劳务费等。

d. 折旧费，是指为生产产品使用的生产装置、厂房、附属机器设备等计提的折旧。

e. 机物料消耗，是指在产品生产过程中耗用的未作为原材料、辅助材料或低值易耗品管理使用的一般性材料支出，包括不属于机器和厂房组成部分，但对机器和厂房具有润滑、防锈、冷却、能量传递、清洁等功能的物料费用，如设备用油脂、防锈漆、清洗剂，以及厂房照明电器、五金、水暖、清洁等材料费用。

f. 计量信息维护费，是指为组织产品生产管理，在计算机信息系统建设完成后所发生的运行维护费用，主要包括支付给外部专业单位的计算机维护、调整或总包费用，以及购买信息系统耗材和不满足固定资产、无形资产标准的外设和软件费用，不包括计入"修理费""低值易耗品摊销"中的费用。

g. 运输费，是指为生产产品提供运输服务发生的费用，主要包括企业单独设立的运输单位和外委运输单位提供运输、装卸服务，以及自备客货车辆耗费的油料、路桥通行等费用。

h. 修理费，是指为维持产品生产的正常运行，保证设施设备原有的生产能力，对设施设备进行维护、修理所发生的费用。修理费主要包括材料费、修理工时费、备品备件费等。其中修理工时费是指支付给外部修理单位的费用。

i. 办公费，是指为组织产品生产管理，发生的文具费、邮电费、通信费、印刷费等办公性费用。

j. 差旅费，是指为组织产品生产管理，职工因公出差所发生的住宿费、交通费、出差补助等。

k. 会议费，是指为组织产品生产管理，召开或参加会议发生的费用，包括支付的会场租赁费、专家费、专家住宿费、资料费，以及会议承办单位收取的其他费用。

l. 劳务费，是指在产品生产过程中，委托外部单位提供服务发生的费用，包括保安、保洁等特定外委业务的费用。

m. 低值易耗品摊销，是指为组织产品生产管理耗用的不能作为固定资产的各种用具物品的摊销，包括金额过大不宜一次性计入成本费用的工量器具、仪器仪表、办公用品、卫生绿化用品、信息设备耗材等的摊销费用。

n. 租赁费，是指为组织产品生产管理，租入的各种资产（短期租赁和低价值租赁），按照合同或协议的约定支付给出租方的租赁费用。

o. 其他开发间接费用，是指不能列入以上各项成本费用要素的开发间接费用。

（2）开发产品

企业完工时库存开发产品的实际成本，包括办公楼、普通住宅、非普通住宅、商铺和车库等。

（3）合同负债

企业按照《商品房预售合同》约定预收的款项，包括预收订金和预收售房款。

（4）应付账款

企业因接受建筑劳务等应支付的款项，包括暂估成本，即按照权责发生制原则预提应付未付的开发成本。

（5）主营业务收入

企业确认的销售开发产品的收入，包括办公楼、普通住宅、非普通住宅、商铺和车库等。

（6）主营业务成本

企业确认开发产品收入时应结转的成本。

第 6 章

房地产开发企业产品
成本会计核算

6.1　房地产开发企业产品成本的概念

房地产开发企业产品，是指房地产开发企业在生产经营活动中形成的土地、房屋等产成品。本书所讲的房地产开发企业产品是指房屋产品，其土地产品的会计核算参照房屋产品的会计核算。

房地产开发企业产品成本，是指房地产开发企业在开发产品的过程中所发生的土地征用及拆迁补偿费、前期工程费、建筑安装工程费、基础设施建设费、公共配套设施费，以及不能直接计入而按一定标准分配计入的开发间接费用。

6.2　正确划分费用界限

为正确计算产品成本与经营损益，必须正确划分以下五个方面的费用界限：

① 正确划分收益性支出和资本性支出的界限；

② 正确划分产品开发成本和期间成本的界限；

③ 正确划分各个会计期间产品成本的界限；

④ 正确划分不同产品的费用界限；

⑤ 正确划分产成品与在产品的费用界限。

6.3　成本核算原则

（1）合法性原则

合法性原则指计入特定成本对象的费用都必须符合国家法律、法规、制度等规定，不合规定的费用不能计入成本。

（2）可靠性原则

可靠性原则包括真实性和可核实性。真实性就是所提供的成本信息与客观的经济事项相一致，不应掺假，或人为地提高、降低成本。可核实性指成本核算资料按一定的原则，由不同的会计人员加以核算，都能得到相同的结果。真实性和可核实性保证成本核算信息的正确可靠。

（3）相关性原则

相关性原则包括成本信息的有用性和及时性。有用性是指成本核算要为管理当局提供有用的信息，为成本管理、预测、决策服务。及时性是强调信息取得的时间性。信息及时可确保快速采取措施，改进工作。

（4）分期核算原则

分期核算原则是指企业为了取得一定期间所生产产品的成本，必须将连续的生产活动按一定阶段（如月、季、年）划分为各个期间，分期计算产品成本。核算分期必须与会计年度的分月、分季、分年相一致，以便于利润计算。

（5）权责发生制原则

权责发生制原则是指应由本期成本负担的费用，不论是否已经支付，都要计入本期成本；不应由本期成本负担的费用，即使在本期已经支付，也不应计入本期成本，以客观真实反映成本信息。

（6）实际成本计价原则

实际成本计价原则是指生产产品过程中所发生的土地征用及拆迁补偿费、前期工程费、建筑安装工程费、基础设施建设费、公共配套设施费及开发间接费用要按实际价格计算，完工产品成本要按实际成本计算。

（7）一致性原则

一致性原则是指成本核算所采用的方法，前后各期原则上一致，以使各期的成本资料有统一的口径，前后连贯，相互可比。

（8）重要性原则

重要性原则是指对于成本项目的设立和成本核算，要坚持"主要项目从细、次要项目从简"的原则。

（9）受益性原则

受益性原则是指成本对象的确定、成本费用的分配应与产品的受益相配比，能够销售并为企业带来经济利益流入的产品或对象应单独核算其成本。

（10）完整性原则

完整性原则是指针对房地产开发的特点，在达到结转条件时，规划已有但因种种原因应建未建的配套设施、应交未交的报批报建费用等应按照相关方法进行合理估计，以确保成本真实、完整。

6.4　不得列入开发成本的情况

① 为购置和建造固定资产、购入无形资产发生的支出；

② 对外投资的支出；

③ 被没收的财物；

④ 支付的合同外滞纳金、罚款、违约金、赔偿金，以及企业捐

赠、赞助支出；

⑤ 公共维修基金、契税等为业主代扣代缴的支出；

⑥ 国家规定不得列入成本、费用的其他支出。

6.5　收入不得冲减开发成本的情形

① 按规定列入营业外收入的各项收入；

② 固定资产变价收入；

③ 外销材料等产生的收益；

④ 按规定应直接上缴财政的各种罚没款项收入；

⑤ 按规定不应冲减开发成本的其他收入。

6.6　产品成本核算对象

成本对象是指为归集和分配开发产品开发、建造过程中的各项耗费而确定的费用承担项目。成本对象的确定原则如下：

（1）可否销售原则

可否销售原则开发产品能够对外经营销售的，应作为独立的计税成本对象进行成本核算；不能对外经营销售的，可先作为过渡性成本对象进行归集，然后再将其相关成本摊入能够对外经营销售的成本对象。

（2）分类归集原则

分类归集原则对同一开发地点、竣工时间相近、产品结构类型没有明显差异的群体开发的项目，可作为一个成本对象进行核算。

（3）功能区分原则

功能区分原则开发项目某组成部分相对独立，且具有不同使用功能时，可以作为独立的成本对象进行核算。

（4）定价差异原则

定价差异原则开发产品因其产品类型或功能不同等而导致其预期售价存在较大差异的，应分别作为成本对象进行核算。

（5）成本差异原则

成本差异原则开发产品因建筑上存在明显差异可能导致其建造成本出现较大差异的，要分别作为成本对象进行核算。

（6）权益区分原则

权益区分原则开发项目属于受托代建的或多方合作开发的，应结合上述原则分别划分成本对象进行核算。

房地产开发公司要根据《国家税务总局关于房地产开发企业成本对象管理问题的公告》（国家税务总局公告 2014 年第 35 号）规定，依据计税成本对象确定原则确定已完工开发产品的成本对象，并就确定原则、依据，共同成本分配原则、方法，以及开发项目基本情况、开发计划等出具专项报告，在开发产品完工当年企业所得税年度纳税申报时，随同《企业所得税年度纳税申报表》一并报送主管税务机关。房地产开发企业要结合自身项目的实际情况，确定可行的产品成本核算对象，有利于企业在房地产开发业务、财务、税务上实现高效的管理。

青岛市税务局制定的《房地产开发企业成本对象专项报告表》，如表 6-1 所示。

表 6-1 房地产开发企业成本对象专项报告表

报告年度： 年

纳税人名称（公章）		纳税人识别号			开发项目名称		项目地址	
成本对象的确定原则	过渡性成本对象			成本对象确定依据说明				

项目具体分期	共分期	其中				规划需要建设的公共配套项目名称	公共配套设施预算造价	万元
		第 期完工在售	第 期开始预售	第 期已全部销售完毕	第 期未建			

成本对象明细										

项目分期	成本对象名称	具体类别	具体内容（楼座号或其他）	主要销售方式	开工年度	预售开始时间	完工年度	规划建筑面积	可售面积	已售面积

成本项目		分摊方法			备注	土地信息	
共同成本和不能分清负担对象的间接成本具体分配方法	土地	占地面积法	整体预算法	其他方法		土地取得方式	
						项目用地总面积	m²
	公共配套设施	建筑面积法	其他方法			项目总建筑面积	m²
	借款费用	直接成本法	预算造价法	其他方法		项目用地预算总成本	万元
	其他成本项目						

续表

郑重声明：本表所填报内容真实、准确、完整。	主管税务机关
经办人：　　　　　法定代表人：	
申报日期：　年 月 日	受理日期：　年 月 日

填表说明：1. 本表应由纳税人在房地产开发产品完工当年企业所得税年度纳税申报时报主管税务机关。本表一式两份，其中企业自留一份。

2. 本表按开发项目填报，成本对象明细部分可根据本企业成本对象的数量自行增加相应行次。

3. 成本对象是指为归集和分配开发产品开发、建造过程中的各项耗费而确定的费用承担项目。不能对外经营销售的，可先作为过渡性成本对象进行归集，然后再将其相关成本摊入能够对外经营销售的成本对象。

4. 成本对象的确定原则是指：可否销售原则、分类归集原则、功能区分原则、定价差异原则、成本差异原则、权益区分原则。企业可选择一个或一个以上原则。成本对象确定依据说明要求对选择的成本对象确定原则进行具体的理由说明。

5. 具体类别包括：①别墅；②商品房；③经济适用房；④限价商品住房；⑤自持物业；⑥其他。

6. 主要销售方式：①本企业自销；②支付手续费方式委托销售；③视同买断方式委托销售；④基价（保底价）并实行超基价双方分成方式委托销售；⑤包销方式委托销售。

7. 土地取得方式包括：①招拍挂方式取得；②划拨取得；③购买转让土地；④交换（置换）；⑤接受投资；⑥接受捐赠。

8. 对土地的分摊不采用占地面积法的，在备注栏应说明采用的具体方法、原因；对公共配套设施、借款费用等采用其他方法的，在备注栏应说明采用的具体方法、原因；对其他成本项目应填写分摊的具体方法、原因。

制填表人：　　　　联系方式：　　　　填表日期：　年 月 日

6.7　产品成本归集、分配和结转

房地产开发企业一般按照开发项目的产品成本核算对象，对产品成本进行归集、分配和结转。

6.7.1　成本核算一般程序

成本核算的一般程序，就是对成本费用进行分类核算，将生产经营过程发生的各项要素费用按经济用途归类反映，直到算出完工产品总成本和单位成本为止的整个成本计算步骤。根据《房地产开发经营业务企业所得税处理办法》（国税发〔2009〕31 号）第二十八条规定，企业计税成本核算的一般程序如下：

① 对当期实际发生的各项支出，按其性质、经济用途及发生的地点、时间区进行整理、归类，并将其区分为应计入成本对象的成本和应在当期税前扣除的期间费用。同时还应按规定对有关预提费用和待摊费用进行计量与确认。

② 对应计入成本对象中的各项实际支出、预提费用、待摊费用等合理地划分为直接成本、间接成本和共同成本，并按规定将其合理地归集、分配至已完工成本对象、在建成本对象和未建成本对象。

③ 对期前已完工成本对象应负担的成本费用按已销开发产品、未销开发产品和固定资产进行分配，其中应由已销开发产品负担的部分，在当期纳税申报时进行扣除，未销开发产品应负担的成本费用待其实际销售时再予扣除。

④ 对本期已完工成本对象分类为开发产品和固定资产并对其计税成本进行结算。其中属于开发产品的，应按可售面积计算其单位工程成本，据此再计算已销开发产品计税成本和未销开发产品计税成本。对本期已销开发产品的计税成本，准予在当期扣除，未销开发产品计税成本待其实际销售时再予扣除。

⑤ 对本期未完工和尚未建造的成本对象应当负担的成本费用，应分别建立明细台账，待开发产品完工后再予结算。

以上程序也可简化成以下程序：

① 确定成本核算对象，归集开发成本及费用；

② 确定成本分配方法；

③ 项目竣工后产品成本的确定和结转，并计算产品的总成本和单位成本；

④ 已销售产品成本结转；

⑤ 建立未完工和尚未建造的成本对象应当负担的成本费用台账。

6.7.2　产品成本的归集

房地产开发企业通常按照开发项目归集产品成本，也可以按照项目综合开发期数并兼顾产品类型归集产品成本。

（1）直接费用的归集

企业发生的直接归属于成本核算对象的土地征用及拆迁补偿费、前期工程费、建筑安装工程费、基础设施建设费、公共配套设施费按照实际成本进行核算，计入"开发成本——土地征用及拆迁补偿费"等科目，采用个别计价方法结转项目成本。

（2）间接费用的归集

企业为组织和管理产品生产而发生的开发间接费用按照实际成本进行核算，计入"开发成本——开发间接费"科目，采用个别计价方法结转项目成本。

6.7.3　产品成本的分配和结转

（1）产品成本的分配

房地产开发企业发生的有关费用，由某一成本核算对象负担的，应当直接计入成本核算对象成本；由几个成本核算对象共同负担的，应按受益的原则和配比的原则分配至各成本对象，包括占地面积法、建筑面积法、直接成本法、预算造价法。具体分配方法可按以下规定选择其一：

① 占地面积法。指按已动工开发成本对象占地面积占开发用地总面积的比例进行分配。

a. 一次性开发的，按某一成本对象占地面积占全部成本对象占地总面积的比例进行分配。

b. 分期开发的，首先按本期全部成本对象占地面积占开发用地总面积的比例进行分配，然后再按某一成本对象占地面积占期内全部成本对象占地总面积的比例进行分配。

期内全部成本对象应负担的占地面积为期内开发用地占地面积减除应由各期成本对象共同负担的占地面积。

② 建筑面积法。指按已动工开发成本对象建筑面积占开发用地总建筑面积的比例进行分配。

a. 一次性开发的，按某一成本对象建筑面积占全部成本对象建筑面积的比例进行分配。

b. 分期开发的，首先按期内成本对象建筑面积占开发用地计划建筑面积的比例进行分配，然后再按某一成本对象建筑面积占期内成本对象总建筑面积的比例进行分配。

③ 直接成本法。指按期内某一成本对象的直接开发成本占期内全部成本对象直接开发成本的比例进行分配。

④ 预算造价法。指按期内某一成本对象预算造价占期内全部成本对象预算造价的比例进行分配。

（2）产品成本的结转

采取预售制的房地产开发企业，在建设期间按照会计管理规定进行成本的归集和分配，一般在完工（竣工）时结转项目成本，计入"开发产品"科目。根据《房地产开发经营业务企业所得税处理办法》国税发〔2009〕31号第三条规定，企业房地产开发经营业务包括土地的开发，建造、销售住宅、商业用房以及其他建筑物、附着物、配套设施等开发产品。除土地开发之外，其他开发产品符合下列条件之一的，应视为已经完工：

①开发产品竣工证明材料已报房地产管理部门备案。

②开发产品已开始投入使用。

③开发产品已取得了初始产权证明。

另外，根据《国家税务总局关于房地产开发企业开发产品完工条件确认问题的通知》（国税函〔2010〕201号）规定：房地产开发企业建造、开发的开发产品，无论工程质量是否通过验收合格，或是否办理完工（竣工）备案手续以及会计决算手续，当企业开始办理开发产品交付手续（包括入住手续），或已开始实际投入使用时，为开发产品开始投入使用，应视为开发产品已经完工。房地产开发企业应按规定及时结算开发产品计税成本，并计算企业当年度应纳税所得额。

6.7.4　土地成本的分配

对于一个房地产开发企业来说，其土地取得成本占项目总投资比例较大，如果土地取得成本分摊方式不合理，将影响不同业态的实际成本，造成不同业态项目利润测算不准确或存在减值的风险。

根据《中华人民共和国土地增值税暂行条例实施细则》（财法字〔1995〕6号）第九条规定，纳税人成片受让土地使用权后，分期分批开发、转让房地产的，其扣除项目金额的确定，可按转让土地使用权的面积占总面积的比例计算分摊，或按建筑面积计算分摊，也可按税务机关确认的其他方式计算分摊。

根据《房地产开发经营业务企业所得税处理办法》（国税发〔2009〕31号）第三十条第一款规定，土地成本，一般按占地面积法进行分配。如果确需结合其他方法进行分配的，应商税务机关同意。

土地开发同时联结房地产开发的，属于一次性取得土地分期开发房地产的情况，其土地开发成本经商税务机关同意后可先按土地整体预算成本进行分配，待土地整体开发完毕再行调整。

根据《土地增值税清算管理规程》（国税发〔2009〕91号）第二十一条第五款规定，纳税人分期开发项目或者同时开发多个项目的，或者同一项目中建造不同类型房地产的，应按照受益对象，采用合理的分配方法，分摊共同的成本费用。

根据《企业产品成本核算制度（试行）》（财会〔2013〕17号）第四十三条规定，房地产企业发生的有关费用，由某一成本核算对象负担的，应当直接计入成本核算对象成本；由几个成本核算对象共同负担的，应当选择占地面积比例、预算造价比例、建筑面积比例等合理的分配标准，分配计入成本核算对象成本。例如，项目中的住宅、商铺、写字楼都共同负担了土地成本，因此必须分摊。

以上是国家层面的规定，下面了解一下有关省份的规定。

例6-1 根据《厦门市房地产开发项目土地增值税清算管理办法》（国家税务总局厦门市税务局公告2023年第1号）第二十三条第九款规定，纳税人签订的土地出让合同、协议中明确规定多个房地产开发项目、不同分期项目、不同房产类型等对应土地价款的，按土地出让合同、协议约定确定对应房地产开发项目、分期项目、房产类型的土地成本。

纳税人签订的土地出让合同、协议对土地价款未作具体约定的，对于同一房地产开发项目有多个分期项目，以及同一分期项目、单一房地产开发项目内有不同房产类型，纳税人可选择按转让土地使用权的面积占总面积的比例计算分摊，或按可售建筑面积计算分摊土地成本。对于不计入容积率的车位等房屋，可不参与土地成本计算分摊。

例6-2 2014年《河北省地方税务局关于对地方税有关业务问题的解答》对"四、土地增值税扣除项目按不同类型房地产进行分摊时的分摊方法有哪些"的回复如下：按照《土地增值税暂行条例》及《实施细则》的有关规定，对于纳税人成片受让土地使用权后，分期分批开发、转让房地产的，其扣除项目金额应采用占地面积法计算分摊。对于同一项目中包含不同类型房地产的，土地成本应采用占地面积法，其他开发成本应采用建筑面积法计算分摊。对于同一建筑物中包含不同类型房地产的，可以采用层高系数建筑面积法计算分摊。

例6-3 《国家税务总局海南省税务局关于修改〈国家税务总局海南省税务局土地增值税清算审核管理办法〉的公告》（国家税务总局海南省税务局公告2023年第2号）第十条规定，纳税人同时开发多个项目，或者同一项目中建造不同类型房地产的，应按照以下方法分摊共同的成本费用：

① 能够明确受益对象的成本费用，直接计入该清算项目或该类型房地产。

② 同一个清算项目，取得土地使用权所支付的金额按计容面积分摊。属于多个清算项目共同发生的取得土地使用权所支付的金额、土地征用及拆迁补偿费，按清算项目占地面积占总占地面积的比例分摊；对于无法取得项目占地面积的，按计容面积分摊。

③ 属于多个清算项目共同发生的其他成本费用，其成本费用按清算项目可售建筑面积占总可售建筑面积的比例分摊；对于无法取得可售面积的，按计容面积分摊。

④ 同一清算项目含有不同类型房地产的，其他成本费用按各类型房地产可售建筑面积占总可售建筑面积的比例分摊。

⑤ 同一个清算项目中已售房地产成本费用的分摊，按已售建筑面

积占总可售建筑面积的比例分摊。

⑥ 分期开发房地产开发项目的，各期扣除项目金额的分摊方法应当保持一致。

实物操作中，如果是分期开发，则按照占地面积法每一期开发占地面积占总面积的比例分摊土地成本；同一期的开发项目，一般先按占地面积法分摊到楼位，再按照建筑面积法摊到房子，例如住宅、办公楼、商铺等成本对象。为了严谨起见，在做土地成本分摊时，要与当地主管税务机关做好沟通，了解本地的政策。

（1）土地成本按占地面积和建筑面积分摊的区别

在实际的工作中会遇见同样的开发业态，比如都是普通住宅，每个楼座的占地面积一致或相差不大，但因每个楼座的建筑面积相差很多（一般是楼层的高低不一样），如果按照占地面积法分摊土地成本，楼层低的分摊较高的土地成本明显不合理，这时要考虑按照建筑面积法分摊土地成本，不过要经当地主管税务机关同意。

例 6-4 甲房地产开发公司取得一国有建设用地使用权，其中住宅部分土地款 420 000 万元。共 14 栋住宅，住宅建筑面积共 120 000 万平方米（其中一栋小面积的 6 000 万平方米，一栋大面积的 10 000 万平方米）；住宅占地面积共 49 000 万平方米，假如 14 栋占地面积均等，每栋 3 500 平方米。

① 如果按照占地面积分摊土地成本，则：每栋分摊土地成本 30 000 万元。

② 如果按照建筑面积分摊土地成本，则：小面积的楼栋分摊土地成本 21 000 万元，大面积的楼栋分摊土地成本 35 000 万元。

从上述可以看出，按照占地面积和建筑面积分摊土地成本，其成本差异很大，影响不同项目的盈利测算。所以，企业要结合开发项目的真实情况，并与当地主管税务部门进行充分沟通，选取合理的土地成本分摊方式。

（2）土地成本在不同业态下成本分摊

例 6-5　甲房地产开发公司通过市场招拍挂方式取得一国有建设用地使用权，土地成交价格 500 000 万元（其中住宅楼面价约 3.34 万元 / 平方米，办公楼面价约 1.5 万元 / 平方米），用地面积 68 000 平方米（其中住宅 49 000 平方米，办公 19 000 平方米），地上建筑面积 188 400 平方米（其中住宅 120 000 平方米，办公 66 000 平方米，社区配套服务设施 2 400 平方米）。分别按照占地面积和建筑面积分摊土地成本，如表 6-2 所示。

表 6-2　土地成本分摊表

序号	业态	土地价款 / 万元	按用地面积分摊			按建筑面积分摊		
			用地面积 /m²	金额 / 万元	单位成本（按建筑面积）/（万元 /m²）	建筑面积 /m²	金额 / 万元	单位成本 /（万元 /m²）
1	住宅	500 000	49 000	360 294	3.002	120 000	322 581	2.688
2	办公		19 000	139 706	2.117	66 000	177 419	2.688
3	合计	500 000	68 000	500 000	—	186 000	500 000	—

从表 6-2 看出，无论按用地面积分摊，还是按建筑面积分摊，较楼面价而言，办公类物业都承担较高的成本，从而造成产品成本的不合理。所以，在取得竞拍土地相关文件中如果未分别列示不同业态的土地成本，可以与当地的政府相关部门进行沟通。

例 6-6　针对土地价款在不同业态下列示各自的构成情况，以方便土地竞得人更好地对项目成本进行管理，北京市规划和自然资源委员会在 2023 年 12 月 19 日发布了《关于明确商品住宅用地项目相关土地价款有关事项的通知》。具体如下：

为进一步优化营商环境，加强精细化管理，提高信息透明度，现对我市采用招标、拍卖、挂牌方式出让的商品住宅用地项目土地价款有关内容明确如下：

第一，对于新发布出让公告的住宅用地搭配公建用地出让的项目，将在公告（预申请公告）中分别明确住宅用途、公建用途的起始价，并按照各自用途起始价占项目起始总价的比例，确定土地成交价款中溢价部分住宅用途、公建用途所占比例。同时，将在出让合同中分别明确住宅用途、公建用途各自的土地成交价款，将在出让合同补充协议中分别明确地下车库用途、仓储用途等各自的土地价款。

第二，对于新发布出让公告的纯住宅用地项目，将在出让合同补充协议中分别明确地下车库用途、仓储用途等各自的土地价款。

第三，对于正在公告及 2021 年以来已成交且尚未全部办理完成网签手续的项目，按上述原则执行。

2024 年 4 月，《北京市石景山区首钢园区东南区土地一级开发项目 1612-830、831 地块 R2 二类居住用地、1612-763 地块 F2 公建混合住宅用地国有建设用地使用权出让》[编号：京土储挂（石）〔2024〕013 号] 挂牌文件中明确了该宗地住宅部分挂牌起始价为 456 945 万元，公建部分挂牌起始价为 118 055 万元。

此土地价款的列示方式，为企业的成本核算、开发产品的价格管理带来了一定的积极作用。

6.7.5　共同成本分摊

根据《土地增值税清算管理规程》（国税发〔2009〕91 号）第二十一条第五款规定，纳税人分期开发项目或者同时开发多个项目的，或者同一项目中建造不同类型房地产的，应按照受益对象，采用合理的分配方法，分摊共同的成本费用。

根据《房地产开发经营业务企业所得税处理办法》（国税发〔2009〕31号）"第三十条　企业下列成本应按以下方法进行分配"规定：

① 单独作为过渡性成本对象核算的公共配套设施开发成本，应按建筑面积法进行分配。

② 借款费用属于不同成本对象共同负担的，按直接成本法或按预算造价法进行分配。

③ 其他成本项目的分配法由企业自行确定。

根据《北京市地方税务局土地增值税清算管理规程》（北京市地方税务局公告2016年第7号）"第三十一条　扣除项目金额的计算分摊"规定：

① 纳税人分期开发项目或者同时开发多个项目的，或者同一项目中建造不同类型房地产的，应按照受益对象，采用合理的分配方法，分摊共同的成本费用：

a. 占地面积法：即按照房地产土地使用权面积占土地使用权总面积的比例计算分摊；

b. 建筑面积法：即按照房地产建筑面积占总建筑面积的比例计算分摊；

c. 直接成本法：即按照受益对象或清算单位直接归集成本费用；

d. 税务机关确认的其他合理方法。

② 属于多个清算单位共同发生的扣除项目金额，原则上按建筑面积法分摊，如无法按建筑面积法分摊，应按占地面积法分摊或税务机关确认的其他合理方法分摊。

③ 同一清算单位发生的扣除项目金额，原则上应按建筑面积法分

摊。对于纳税人能够提供相关证明材料，单独签订合同并独立结算的成本，可按直接成本法归集。

④ 同一清算单位中纳税人可以提供土地使用权证或规划资料及其他材料证明该类型房地产属于独立占地的，取得土地使用权所支付的金额和土地征用及拆迁补偿费可按占地面积法计算分摊。

⑤ 同一清算单位中部分转让国有土地使用权或在建工程，其共同受益的项目成本，无法按照建筑面积法分摊计算的，可按照占地面积法或税务机关确认的其他合理方法进行分摊。

6.8　产品成本核算主要账务处理

6.8.1　涉及主要会计科目

① 资产类会计科目：开发产品。
② 负债类会计科目：应付账款。
③ 成本类会计科目：开发成本。

6.8.2　涉及主要业务的会计处理

（1）产品成本归集

下面以案例形式介绍房地产开发企业产品成本归集的会计处理。

例 6-7　甲房地产开发公司（适用一般计税方法计税），通过市场招拍挂方式取得一国有建设用地使用权，土地成交价格 500 000 万元，缴纳契税 15 000 万元。项目建设期间，某月发生设计费 100 万元、测绘费 10 万元、建筑工程 5 000 万元、安装工程 500 万元、道路建设费 600 万元、供水系统建设费 100 万元、居委会建设费 50 万元、养老服

务驿站建设费 100 万元、借款费用 80 万元、职工薪酬 200 万元、办公
费 10 万元。(为方便计算,以上在建期间发生的费用均为不含税金额)
如表 6-3 所示。

表 6-3　产品成本归集样表

序号	成本科目				金额/万元	辅助核算项
	一级科目	二级科目	三级科目	四级科目		
一	开发成本	土地征用及拆迁补偿费	土地出让金		500 000	
			契税		15 000	
			……			
二	开发成本	前期工程费	设计费		100	
			测绘费		10	
			……			
三	开发成本	建筑安装工程费	建筑工程费		5 000	
			安装工程费		500	
			……			可设置"开发产品类型——房屋、土地""项目名称""商品房类型——办公、住宅""合同""供应商"等辅助核算。
四	开发成本	基础设施建设费	道路		600	
			供水		100	
			……			
五	开发成本	公共配套设施费	居委会		50	
			养老服务驿站		100	
			……			
六	开发成本	开发间接费用	借款费用		80	
			职工薪酬	工资、社会保险、住房公积金、福利费、工会经费、职工教育经费等	200	
			办公费		10	
			……			

① 土地征用及拆迁补偿费归集

a. 企业购置开发项目土地使用权，按照企业与国家土地管理部门签订的土地使用权出让合同、税务部门开具的"中央非税收入统一票据"等，账务处理如下：

借：开发成本——土地征用及拆迁补偿费——土地出让金——辅助核算 500 000❶

　　贷：银行存款——辅助核算 500 000

b. 企业向政府部门缴纳契税，依据税务部门开具的缴款书，账务处理如下：

借：开发成本——土地征用及拆迁补偿费——契税——辅助核算

15 000

　　贷：银行存款——辅助核算 15 000

② 前期工程费归集

a. 企业开发项目发生的设计费，依据相关协议、增值税专用发票、成果确认单、请款单等，账务处理如下：

成本归集：

借：开发成本——前期工程费——设计费——辅助核算 100

　　　应交税费——应交增值税——进项税额 6

　　贷：应付账款——辅助核算 106

资金支付：

借：应付账款——辅助核算 106

　　贷：银行存款——辅助核算 106

b. 企业开发项目发生的测绘费，依据相关协议、增值税专用发票、成果确认单、请款单等，账务处理如下：

---

❶ 账务处理中出现的费用单位为万元，参考例中的说明描述，余同。

成本归集：

借：开发成本——前期工程费——测绘费——辅助核算　　　10

应交税费——应交增值税——进项税额　　　0.6

贷：应付账款——辅助核算　　　10.6

资金支付：

借：应付账款——辅助核算　　　10.6

贷：银行存款——辅助核算　　　10.6

③ 建筑安装工程费归集

a. 企业采用出包方式开发项目发生的建筑工程费，依据工程施工合同、工程价款结算单（建设单位、施工单位、监理单位、造价咨询单位等共同出具）、造价咨询单位出具的审核报告、增值税专用发票、请款单等，账务处理如下：

成本归集：

借：开发成本——建筑安装工程费——安装工程费——辅助核算

5 000

应交税费——应交增值税——进项税额　　　450

贷：应付账款——辅助核算　　　5450

资金支付：

借：应付账款——辅助核算　　　5 450

贷：银行存款——辅助核算　　　5 450

b. 企业采用出包方式开发项目发生的安装工程费，依据工程施工合同、工程价款结算单（建设单位、施工单位、监理单位、造价咨询单位等共同出具）、造价咨询单位出具的审核报告、增值税专用发票、请款单等，账务处理如下：

成本归集：

借：开发成本——建筑安装工程费——建筑工程费——辅助核算

500

应交税费——应交增值税——进项税额 45

贷：应付账款——辅助核算 545

资金支付：

借：应付账款——辅助核算 545

贷：银行存款——辅助核算 545

④ 基础设施费归集

a. 企业开发项目发生的道路工程费用，依据工程施工合同、工程价款结算单（建设单位、施工单位、监理单位、造价咨询单位等共同出具）、造价咨询单位出具的审核报告、增值税专用发票、请款单等，账务处理如下：

成本归集：

借：开发成本——基础设施费——道路工程费——辅助核算

600

应交税费——应交增值税——进项税额 54

贷：应付账款——辅助核算 654

资金支付：

借：应付账款——辅助核算 654

贷：银行存款——辅助核算 654

b. 企业开发项目发生的供水工程费用，依据工程施工合同、工程价款结算单（建设单位、施工单位、监理单位、造价咨询单位等共同出具）、造价咨询单位出具的审核报告、增值税专用发票、请款单等，账务处理如下：

成本归集：

借：开发成本——基础设施费——供水工程费——辅助核算

　　　　　　　　　　　　　　　　　　　　　　　　100

　　　应交税费——应交增值税——进项税额　　　　9

　贷：应付账款——供应商　　　　　　　　　　　109

资金支付：

借：应付账款——辅助核算　　　　　　　　　　　109

　贷：银行存款——辅助核算　　　　　　　　　　　109

⑤ 配套设施费归集

a. 企业开发项目发生的居委会建设费，依据工程施工合同、工程价款结算单（建设单位、施工单位、监理单位、造价咨询单位等共同出具）、造价咨询单位出具的审核报告、增值税专用发票、请款单等，账务处理如下：

成本归集：

借：开发成本——配套设施费——居委会建设费——辅助核算

　　　　　　　　　　　　　　　　　　　　　　　　100

　　　应交税费——应交增值税——进项税额　　　　9

　贷：应付账款——辅助核算　　　　　　　　　　　109

资金支付：

借：应付账款——辅助核算　　　　　　　　　　　54.5

　贷：银行存款——辅助核算　　　　　　　　　　　54.5

b. 企业开发项目发生的养老服务驿站建设费，依据工程施工合同、工程价款结算单（建设单位、施工单位、监理单位、造价咨询单位等共同出具）、造价咨询单位出具的审核报告、增值税专用发票、请款单等，账务处理如下：

成本归集：

借：开发成本——配套设施费——养老服务驿站建设费——辅助
核算   50

       应交税费——应交增值税——进项税额   4.5

   贷：应付账款——辅助核算   54.5

资金支付：

借：应付账款——辅助核算   109

   贷：银行存款——辅助核算   109

⑥ 开发间接费用归集

a. 企业开发项目发生的借款费用（符合资本化条件），依据借款合
同、银行利息确认单、增值税发票等，账务处理如下：

成本归集：

借：开发成本——开发间接费用——利息费用——辅助核算 80

   贷：应付利息——辅助核算   80

资金支付：

借：应付利息——辅助核算   80

   贷：银行存款——辅助核算   80

b. 企业开发项目发生的职工薪酬，依据人力部门提供的薪酬分配
表，账务处理如下：

成本归集：

借：开发成本——开发间接费用——职工薪酬——辅助核算

                                         200

   贷：应付职工薪酬——职工工资

       应付职工薪酬——基本养老保险

应付职工薪酬——基本医疗保险

应付职工薪酬——补充医疗保险

应付职工薪酬——生育保险

应付职工薪酬——工伤保险

应付职工薪酬——失业保险

应付职工薪酬——住房公积金　　　（职工薪酬合计）200

资金支付：

借：应付职工薪酬——职工工资

应付职工薪酬——基本养老保险

应付职工薪酬——基本医疗保险

应付职工薪酬——补充医疗保险

应付职工薪酬——生育保险

应付职工薪酬——工伤保险

应付职工薪酬——失业保险

应付职工薪酬——住房公积金　　　（职工薪酬合计）200

贷：银行存款——辅助核算

应交税费——应交个人所得税（企业代扣代缴个人所得税）

其他应付款——企业代扣代缴个人社会保险和公积金

（银行存款、应交个人所得税、其他应付款合计）　　200

c.企业开发项目发生的办公费，依据相关合同、增值税专用发票、办公用品清单确认单等，账务处理如下：

成本归集：

借：开发成本——开发间接费用——办公费——辅助核算　　10

应交税费——应交增值税——进项税额　　　　　　　1.3

贷：应付账款——辅助核算　　　　　　　　　　　　　11.3

资金支付：

借：应付账款——辅助核算   11.3

  贷：银行存款——辅助核算   11.3

以上"辅助核算"事项，企业可以根据具体业务，设置合适的辅助核算项；另外，企业采用自营方式开发项目，依照建筑施工业成本规范进行核算，月末，按实际成本转入开发成本。

（2）产品成本结转和分配

a. 结转开发项目办理最终工程决算，项目成本全部确定时，账务处理如下：

借：开发成本——开发成本结转

  贷：开发成本——土地征用及拆迁补偿费——所有费用明细项

      开发成本——前期工程费——所有费用明细项

      开发成本——建筑安装工程费——所有费用明细项

      开发成本——基础设施费——所有费用明细项

      开发成本——配套设施费——所有费用明细项

      开发成本——开发间接费用——所有费用明细项

b. 企业开发的房屋项目竣工验收，并取得工程竣工验收备案表，应当选择占地面积比例、预算造价比例、可售建筑面积比例等合理的分配标准分配并结转成本核算对象的开发成本。对于用于销售的产品，转入开发产品科目；对于自用、出租或准备增值后转让的产品，转入固定资产、投资性房地产等科目，账务处理如下：

借：开发产品——辅助核算（销售）

    固定资产——房屋（自用）

    投资性房地产——成本模式（出租或准备增值后转让）

  贷：开发成本——开发成本结转

6.9　企业开发房地产老项目产品成本会计处理

　　房地产开发企业中的一般纳税人销售自行开发的房地产老项目，可以选择适用简易计税方法按照 5% 的征收率计税。根据《中华人民共和国增值税暂行条例》第十条的规定，用于简易计税方法计税项目的购进货物、劳务、服务、无形资产和不动产的进项税额，不得从销项税额中抵扣；另外，根据 2026 年 1 月 1 日即将实施的《中华人民共和国增值税法》第二十二条第一款规定，适用简易计税方法计税项目对应的进项税额，不得从其销项税额中抵扣。

　　企业开发房地产老项目（选择简易计税方法计税）发生的土地征用及拆迁补偿费、前期工程费、建筑安装工程费、基础设施费、配套设施费和开发间接费用，依据合同、增值税发票、工程价款审批单等，除进项税不得从销项税额中抵扣外，其会计科目设置、辅助核算设置、账务处理与适用一般计税方法的项目一致，不再赘述。

第 7 章

房地产开发企业产品
销售环节会计核算

7.1　收入确认的原则

企业应当在履行了合同中的履约义务，即在客户取得相关商品控制权时确认收入。取得相关商品控制权，是指能够主导该商品的使用并从中获得几乎全部的经济利益。

企业在判断商品的控制权是否发生转移时，应当从客户的角度进行分析，即客户是否取得了相关商品的控制权以及何时取得该控制权。取得商品控制权同时包括下列三项要素：

一是能力。企业只有在客户拥有现时权利，能够主导该商品的使用并从中获得几乎全部经济利益时，才能确认收入。如果客户只能在未来的某一期间主导该商品的使用并从中获益，则表明其尚未取得该商品的控制权。例如，企业与客户签订合同为其生产产品，虽然合同约定该客户最终将能够主导该产品的使用，并获得几乎全部的经济利益，但是，只有在客户真正获得这些权利时（根据合同约定，可能是在生产过程中或更晚的时点），企业才能确认收入，在此之前，企业不应当确认收入。

二是主导该商品的使用。客户有能力主导该商品的使用，是指客户在其活动中有权使用该商品，或者能够允许或阻止其他方使用该商品。

三是能够获得几乎全部的经济利益。客户必须拥有获得商品几乎全部经济利益的能力，才能被视为获得了对该商品的控制。商品的经济利益，是指该商品的潜在现金流量，既包括现金流入的增加，也包括现金流出的减少。客户可以通过使用、消耗、出售、处置、交换、抵押或持有等多种方式直接或间接地获得商品的经济利益。

7.2　收入确认的前提

当企业与客户之间的合同同时满足下列条件时，企业应当在客户取得相关商品控制权时确认收入：

① 合同各方已批准该合同并承诺将履行各自义务；

② 该合同明确了合同各方与所转让商品或提供劳务相关的权利和义务；

③ 该合同有明确的与所转让商品相关的支付条款；

④ 该合同具有商业实质，即履行该合同将改变企业未来现金流量的风险、时间分布或金额；

⑤ 企业因向客户转让商品而有权取得的对价很可能收回。

7.3　收入确认的类型

满足下列条件之一的，属于在某一时段内履行履约义务；否则，属于在某一时点履行履约义务：

① 客户在企业履约的同时即取得并消耗企业履约所带来的经济利益。

② 客户能够控制企业履约过程中在建的商品。

③ 企业履约过程中所产出的商品具有不可替代用途，且该企业在整个合同期间内有权就累计至今已完成的履约部分收取款项。

具有不可替代用途，是指因合同限制或实际可行性限制，企业不能轻易地将商品用于其他用途。

有权就累计至今已完成的履约部分收取款项，是指在由于客户或其他方原因终止合同的情况下，企业有权就累计至今已完成的履约部分收取能够补偿其已发生成本和合理利润的款项，并且该权利具有法律约束力。

对于在某一时段内履行的履约义务，企业应当在该段时间内按照履约进度确认收入，但是，履约进度不能合理确定的除外。企业应当考虑商品的性质，采用产出法或投入法确定恰当的履约进度。其中，产出法是根据已转移给客户的商品对于客户的价值确定履约进度；投入法是根据企业为履行履约义务的投入确定履约进度。对于类似情况下的类似履约义务，企业应当采用相同的方法确定履约进度。

当履约进度不能合理确定时，企业已经发生的成本预计能够得到补偿的，应当按照已经发生的成本金额确认收入，直到履约进度能够合理确定为止。

7.4　涉及主要会计科目

① 资产类会计科目：银行存款、开发产品。

② 负债类会计科目：合同负债、应交税费——（应交增值税——销项税额、待转销项税额、预缴增值税、预缴土地增值税、预缴企业所得税、应交城市维护建设税、应交教育费附加、应交地方教育附加）。

③ 损益类会计科目：主营业务收入、主营业务成本、税金及附加。

7.5　预售环节的会计处理

房地产预售是房地产开发企业与购房者约定，由购房者交付定金或预付款，在未来一定日期拥有现房的房产交易行为，通常会在房产竣备后办理产权转移手续。

一般情况下，房地产开发企业预售阶段属于在某一时点履行履约义务，在房屋交付客户使用环节确认收入，房屋交付前，按照预售的方式进行会计处理；特殊情况下也会认定为在某一时段内履行履约义务（比如定制建设）。

7.5.1   一般情况下收入确认类型判断

针对某一时点履行履约义务，下面通过一事例进行分析。

例 7-1   甲公司是一家中国境内的房地产开发企业，甲公司于2024年9月通过招拍挂取得一块土地使用权，并在该块土地上开发商品房，于同年12月取得预售许可证之后开始预售商品房，预计将于2026年12月竣工后交付给客户。2025年3月，甲公司和某客户签订商品房买卖合同，将一套商品房预售给该客户，付款方式为客户于合同签订日支付合同价款的50%，网签后按揭贷款50%。合同的主要条款约定如下：

① 甲公司向该客户预售的商品房为：× 小区 10 号楼 4 层 2 单元 401。

② 该商品房保证不出售给本合同买受人以外的其他人。

③ 出卖人应当于 2027 年 3 月 31 日前向买受人交付该商品房，在建期间购房人不拥有该商品房的法定所有权、不能用于出售或抵押。

④ 在下列情形下购房人有权解除合同：因出卖人原因导致不能完成商品房预售合同登记备案或不动产转移登记，买受人有权解除合同；逾期交房超过 60 天，买受人有权解除合同；规划设计变更，买受人应当自通知送达之日起 15 日内做出是否解除合同的书面答复，买受人解除合同的，应当书面通知出卖人；如果购房人单方要求解除合同，仅需向甲公司支付合同价款的 20% 作为违约金。

本例中，甲公司的履约义务为向指定购房人销售建造的商品房，针对该项履约义务：

① 甲公司负责建造商品房，在建期间购房人尚未取得相关商品房的法定所有权，购房人并不能够在甲公司建造商品房的同时即取得并消耗甲公司建造商品房所带来的经济利益。

② 商品房交付前，购房人无法将该在建商品房用于出售或抵押，其建设管理、设计管理工作也都由建设方控制，购房人不能够控制甲公司履约过程中在建的相关商品房。

③ 虽然合同约定了具体的房间号，并且该预售的房屋不可再向其他方进行销售，但对于房地产企业开发产品来说，其产品属于标准化产品，不具有不可替代的属性；另外如果购房人单方要求解除合同，仅需向甲公司支付合同价款的 20% 作为违约金，表明甲公司可能不能够在整个合同期间内有权就累计至今已完成的履约部分收取款项。

综合上述情况，甲公司该商品房预售业务不满足在某一时段内履行履约义务的条件，属于在某一时点履行的履约义务，甲公司应当在购房人取得该指定商品房控制权时（通常为交付商品房时）确认收入。

7.5.2 一般情况下涉及主要业务的会计处理

为了更好地理解在某一时间点履行履约义务的会计处理，下面通过一案例进行说明。

例 7-2 甲房地产开发公司（适用一般计税方法计税），本季收到房屋预售款 10 900 万元，报表利润总额 -500 万元，无未弥补亏损。假设其企业所得税率 25%，增值税预征率为 3%，土地增值税预征率为 2%，企业所得税预计毛利率为 15%，应交城市维护建设税税率为 7%，教育费附加征收率为 3%、地方教育附加征收率为 2%。

土地增值税预征的计征依据 = 预收款 - 应预缴增值税税款

① 收到预售房款：在预售期内，房地产企业应将收到的房款计入

"合同负债"。具体会计分录为：

　　借：银行存款——辅助核算　　　　　　10 900

　　　　贷：合同负债——辅助核算　　　　10 000　　10 900÷（1+9%）

　　　　　　应交税费——待转销项税额　　900　　10 900÷（1+9%）×9%

　　② 预缴税费：在收到预售房款后，需要预缴增值税、预缴土地增值税、预缴企业所得税、应交城市维护建设税、应交教育附加、应交地方教育附加等。具体会计分录为：

　　a. 预缴增值税、土地增值税、企业所得税

　　借：应交税费——预缴增值税　　　　300　　10 900÷（1+9%）×3%

　　　　应交税费——预缴土地增值税　　212　　（10 900−300）×2%

　　　　应交税费——预缴企业所得税　　197

　　　　　　　　　　　　[10 900÷（1+9%）×15%−212−500]×25%

　　　　贷：银行存款——辅助核算　　　　709

　　b. 应交城市维护建设税、教育费附加、地方教育附加，税金计入当期损益。具体会计分录为：

　　借：税金及附加　　　　　　　　　　36

　　　　贷：应交税费——应交城市维护建设税　21

　　　　　　　　　　　　　10 900÷（1+9%）×3%×7%

　　　　　　应交税费——应交教育费附加　　　9

　　　　　　　　　　　　　10 900÷（1+9%）×3%×3%

　　　　　　应交税费——应交地方教育附加　　6

　　　　　　　　　　　　　10 900÷（1+9%）×3%×2%

　　借：应交税费——应交城市维护建设税　21

　　　　应交税费——应交教育费附加　　　9

　　　　应交税费——应交地方教育附加　　6

　　　　贷：银行存款——辅助核算　　　　36

另外，也有预缴的城市维护建设税、教育费附加、地方教育附加，待销售收入确认后再转入当期损益。具体会计分录为：

借：应交税费——预缴城市维护建设税　　21

　　应交税费——预缴教育费附加　　　　9

　　应交税费——预缴地方教育附加　　　6

　贷：银行存款　　　　　　　　　　　　36

7.5.3　特殊情况下的会计处理

对于房地产开发企业来说，一般开发的都是标准化的住宅和办公楼项目，一般属于在某一时点履行履约义务，在房屋的交付环节确认收入、结转成本；对于特殊类型的，如定制建设销售模式，如满足在某一时段内履行履约义务的规定，则企业应当在该段时间内按照履约进度确认收入。

例 7-3　甲房地产开发公司 2024 年 10 月取得的地块项目，其中有50 000 平方米办公楼指标，乙公司因业务的扩展，需要增加办公面积，然后乙公司与甲房地产开发公司达成购买意向，但约定甲房地产公司必须按照乙公司的要求进行设计、施工等。主要条款如下：

（1）工程设计

甲房地产开发公司（甲方）应委托具备相应资质的设计单位，按照乙方对于功能布局、外观等方面的需求完成设计工作。甲方应当负责按约完成设计成果，并确保设计成果体现乙方的前述需求。

在确保工程质量标准的前提下，本项目进行重大设计变更（重大设计变更指涉及项目使用功能布局调整、项目外观形象变化、档次变化以及单项变更价差为 50 万元及以上的设计变更）时，双方同意按以下原则处理：

① 若重大设计变更方案为由乙方或政府相关部门提出要求变更的，须经双方核定确认后方可实施；

② 若重大设计变更方案由甲方提出，则甲方应提供合理理由及确需变更的依据，经乙方确认后方可实施；若乙方不同意甲方提出的变更设计方案的，则双方应仍按原设计方案实施。

（2）工程施工准备及施工

本项目的施工建设由甲方组织完成。除非本合同另有约定，甲方应在取得施工许可证后5日内向乙方发出书面通知，乙方确认后甲方即可开工。在本项目施工准备、施工过程及验收移交过程中，乙方有权亲自或委派第三方进入施工现场，并对施工情况进行监督和检查（乙方或乙方委托的第三方对现场的管理应按相关工程规范标准执行，因不合规管理导致的工期延误责任由乙方承担），查阅项目建设工程量清单、技术资料。甲方取得与本项目相关的证照文件、政府审批文件、图纸资料应当及时向乙方提供副本或复印件，乙方对此提出疑问的，甲方应当予以解释说明。

（3）销售网签、交付及不动产转移登记

甲方不得将本项目全部或部分出售给乙方以外的任何第三方，不得向其他第三方擅自转让、出租、抵押本项目，或在本项目上设置权利负担，并保证本项目不会出现被查封、强制执行等影响乙方实现本合同目的的情况。

（4）定制建设总价款及支付

① 本合同项下的定制建设总价款定为人民币10亿元。为满足定制建设需要，乙方按照以下时间节点向甲方支付定制建设资金；

② 本合同签订后10个工作日内，乙方向甲方支付定制建设总价款的20%，共计人民币2亿元；

③ 在项目竣备前，按照工程完工进度支付定制建设资金（工程建设进度＝已完工程量/总工程量），累计支付至定制建设资金的95%为止；

④ 本项目交付完成后10个工作日内，乙方向甲方支付至实际成交

总价的 98%；

⑤ 本项目办理完成不动产权转移登记至乙方名下后 10 个工作日内，乙方向甲方支付至实际成交总价的 100%。

（5）双方权利义务

① 若乙方需要查阅甲方已取得的项目基础材料，包括但不限于国有土地使用证、项目初步设计和施工设计文件；施工图审查意见；建设工程规划许可证、建设工程施工许可证；施工方案；工期控制计划；本项目产权初始登记证书等，甲方应积极配合。

② 乙方有权对工程建设过程进行监督，以维护投资资产的安全性和保证投资效果的实现。

③ 乙方有权参与工程建设过程中的工程验收、专项验收和竣工验收。

④ 乙方应及时决策、核查本项目相关事项，在约定时间内，对甲方提报确认的事项予以书面确认或提出书面意见。

（6）违约及索赔

在甲方取得本项目销售备案后，乙方未按约定与甲方签署现房买卖合同和 / 或办理网签手续，甲方有权解除本合同，且乙方应向甲方支付相当于定制建设总价款的 20% 标准的赔偿金，违约金不足以补偿损失的，还应该赔偿甲方全部损失。

案例分析　本例重点是，分析甲房地产公司的履约义务属于在某一时段内履行的履约义务，还是属于在某一时点履行的履约义务。具体分析如下。

① 按照"工程设计""定制建设总价款及支付"条款约定，该办公楼是为乙方专门定制的（即按乙方要求设计），并且甲方按照合同约定施工，乙方按照施工进度支付工程款项，满足客户在企业履约的同时即取得并消耗企业履约所带来的经济利益。

② 按照"工程设计""工程施工准备及施工""销售网签、交付及

不动产转移登记""双方权利义务"等条款约定，乙方对工程的设计、施工、监督检查、资产的产权管理，具有决定性的控制权，满足客户能够控制企业履约过程中在建的商品要求。

③ 由于是定制化建设项目，办公楼使用功能仅按乙方要求设计，所以具有不可替代性（或者说替代的成本很高），另外按照"违约及索赔"约定，"甲方有权解除本合同，且乙方应向甲方支付相当于定制建设总价款的【20】% 标准的赔偿金，违约金不足以补偿损失的，还应该赔偿甲方全部损失"，满足企业履约过程中所产出的商品具有不可替代用途，且该企业在整个合同期间内有权就累计至今已完成的履约部分收取款项要求。

综上，此类型的销售模式满足在某一时段内履行履约义务的规定，应当在该段时间内按照履约进度确认收入。不过，此方法需要和主审会计师事务所做好沟通，听取他们的意见。

会计处理 甲房地产开发公司办公楼项目总包合同金额 20 000 万元，假设某期完成工程量 4 000 万元（完工量 20%）。按照合同约定，已收取 20 000 万元定制建设资金。会计账务处理如下：

① 乙方收取的建设资金 20 000 万元，作为预售款处理，其会计处理如下：

借：银行存款——辅助核算　　　　20 000
　贷：合同负债——辅助核算　　　18 348.62　　　20 000÷（1+9%）
　　　应交税费——待转销项税额　　　　1 651.38

② 确认收入、结转成本

借：合同负债——辅助核算　　　　18 348.62
　贷：主营业务收入——辅助核算 18 348.62　　100 000×20%÷（1+9%）

借：主营业务成本　　　　　　　　4 000
　贷：开发成本——结转成本　4 000

7.5.4　预售环节的纳税申报

预售环节预缴税款纳税申报税种为增值税、土地增值税、企业所得税、城市维护建设税、教育费附加、地方教育附加。以例 7-1 为例，纳税申报表如下：

（1）预缴增值税 - 预缴税款表

如表 7-1 所示，选择计税方法，填列当期预售回款金额于"销售不动产"栏次，根据预征率计算得出预征税额。

表 7-1　增值税预缴税款表

税款所属时间：　　　年　　月　　日 至　　年　　月　　日
纳税人识别号：□□□□□□□□□□□□□□□□□□□□
是否适用一般计税方法　　　是 ☑　　否 □

纳税人名称：（公章）				金额单位：元（列至角分）	
项目编号			项目名称		
项目地址					
预征项目和栏次		销售额	扣除金额	预征率	预征税额
		1	2	3	4
建筑服务	1				
销售不动产	2	109 000 000.00		3%	3 000 000.00
出租不动产	3				
	4				
	5				
合计	6				
授权声明	如果你已委托代理人填报，请填写下列资料： 　为代理一切税务事宜，现授权　　（地址）为本次纳税人的代理填报人，任何与本表有关的往来文件，都可寄予此人。 授权人签字：		填表人申明	以上内容是真实的、可靠的、完整的。 纳税人签字：	

（2）预缴增值税 - 增值税纳税申报表

如表 7-2 ～表 7-6 所示，除了在增值税纳税申报表附表一填列开票情况等当期销项税额相关数据，在附表二填列认证专票进项税额、计算抵扣进项税额、进项税额转出等进项税额等相关数据，在附表三填列扣除项目相关数据外，还应在附表四填入当期预缴的增值税额，税务申报系统根据自动带出的期初余额（假设为 1 000 万元），计算得出期末余额。

表 7-2　增值税纳税申报表
（一般纳税人适用）

根据国家税收法律法规及增值税相关规定制定本表。纳税人不论有无销售额，均应按税务机关核定的纳税期限填写本表，并向当地税务机关申报。

税款所属时间：自　年　月　日至　年　月　日　　　　填表日期：　年　月　日

金额单位：元（列至角分）

纳税人识别号（统一社会信用代码）：□□□□□□□□□□□□□□□□□□□□　所属行业：

纳税人名称	（公章）	法定代表人姓名		注册地址		生产经营地址	
开户银行及账号		登记注册类型				电话号码	

项　目		栏次	一般项目		即征即退项目	
			本月数	本年累计	本月数	本年累计
销售额	（一）按适用税率计税销售额	1				
	其中：应税货物销售额	2				
	应税劳务销售额	3				
	纳税检查调整的销售额	4				
	（二）按简易办法计税销售额	5				
	其中：纳税检查调整的销售额	6				
	（三）免、抵、退办法出口销售额	7			—	—

续表

项　目		栏次	一般项目		即征即退项目	
			本月数	本年累计	本月数	本年累计
销售额	（四）免税销售额	8			—	—
	其中：免税货物销售额	9			—	—
	免税劳务销售额	10			—	—
税款计算	销项税额	11				
	进项税额	12				
	上期留抵税额	13				—
	进项税额转出	14				
	免、抵、退应退税额	15			—	—
	按适用税率计算的纳税检查应补缴税额	16				
	应抵扣税额合计	17=12+13-14-15+16		—		—
	实际抵扣税额	18（如17<11，则为17，否则为11）				
	应纳税额	19=11-18				
	期末留抵税额	20=17-18				—
	简易计税办法计算的应纳税额	21				
	按简易计税办法计算的纳税检查应补缴税额	22			—	—
	应纳税额减征额	23				
	应纳税额合计	24=19+21-23				
税款缴纳	期初未缴税额（多缴为负数）	25				

续表

项 目		栏次	一般项目		即征即退项目	
			本月数	本年累计	本月数	本年累计
税款缴纳	实收出口开具专用缴款书退税额	26			—	—
	本期已缴税额	27=28+29+30+31				
	①分次预缴税额	28		—	—	—
	②出口开具专用缴款书预缴税额	29		—	—	—
	③本期缴纳上期应纳税额	30				
	④本期缴纳欠缴税额	31				
	期末未缴税额（多缴为负数）	32=24+25+26−27				
	其中：欠缴税额（≥0）	33=25+26−27		—		—
	本期应补（退）税额	34=24−28−29		—		—
	即征即退实际退税额	35	—	—		
	期初未缴查补税额	36			—	—
	本期入库查补税额	37			—	—
	期末未缴查补税额	38=16+22+36−37			—	—

授权声明	如果你已委托代理人申报，请填写下列资料： 为代理一切税务事宜，现授权　　　　（地址）为本纳税人的代理申报人，任何与本申报表有关的往来文件，都可寄予此人。 授权人签字：	申报人声明	本纳税申报表是根据国家税收法律法规及相关规定填报的，我确定它是真实的、可靠的、完整的。 声明人签字：

主管税务机关：　　　　　　　　接收人：　　　　　　　　接收日期：

表 7-3　增值税纳税申报表附列资料(一)

(本期销售情况明细)

纳税人名称:(公章)

税款所属时间:　年　月　日至　年　月　日

金额单位:元(列至角分)

项目及栏次		开具增值税专用发票		开具其他发票		未开具发票		纳税检查调整		合计			服务、不动产和无形资产扣除项目本期实际扣除金额	扣除后	
		销售额	销项(应纳)税额	销售额	销项(应纳)税额	销售额	销项(应纳)税额	销售额	销项(应纳)税额	销售额	销项(应纳)税额	价税合计		含税(免税)销售额	销项(应纳)税额
		1	2	3	4	5	6	7	8	9=1+3+5+7	10=2+4+6+8	11=9+10	12	13=11-12	14=13÷(100%+税率或征收率)×税率或征收率
一、一般计税方法计税　全部征税项目	1　13%税率的货物及加工修理修配劳务													—	—
	2　13%税率的服务、不动产和无形资产														
	3　9%税率的货物及加工修理修配劳务													—	—
	4　9%税率的服务、不动产和无形资产														
	5　6%税率														

续表

项目及栏次		开具增值税专用发票		开具其他发票		未开具发票		纳税检查调整		合计			服务、不动产和无形资产扣除项目本期实际扣除金额	扣除后	
		销售额	销项(应纳)税额	销售额	销项(应纳)税额	销售额	销项(应纳)税额	销售额	销项(应纳)税额	销售额	销项(应纳)税额	价税合计		含税(免税)销售额	销项(应纳)税额
		1	2	3	4	5	6	7	8	9=1+3+5+7	10=2+4+6+8	11=9+10	12	13=11-12	14=13÷(100%+税率或征收率)×税率或征收率
一、一般计税方法计税 其中：即征即退项目	即征即退货物及加工修理修配劳务 6	1	2	3	4	5	6	7	8	9=1+3+5+7	10=2+4+6+8	11=9+10	12	13=11-12	14=13÷(100%+税率或征收率)×税率或征收率
	即征即退服务、不动产和无形资产 7	—	—	—	—	—	—	—	—	—	—	—	—	—	—
二、简易计税方法计税 全部征税项目	6%征收率 8	—	—	—	—	—	—	—	—	—	—	—	—	—	—
	5%征收率的货物及加工修理修配劳务 9a	—	—	—	—	—	—	—	—	—	—	—	—	—	—
	5%征收率的服务、不动产和无形资产 9b	—	—	—	—	—	—	—	—	—	—	—	—	—	—
	4%征收率 10	—	—	—	—	—	—	—	—	—	—	—	—	—	—
	3%征收率的货物及加工修理修配劳务 11	—	—	—	—	—	—	—	—	—	—	—	—	—	—

续表

项目及栏次			开具增值税专用发票		开具其他发票		未开具发票		纳税检查调整		合计		价税合计	服务、不动产和无形资产扣除项目本期实际扣除金额	扣除后	
			销售额	销项(应纳)税额	销售额	销项(应纳)税额	销售额	销项(应纳)税额	销售额	销项(应纳)税额	销售额	销项(应纳)税额			含税(免税)销售额	销项(应纳)税额
			1	2	3	4	5	6	7	8	9=1+3+5+7	10=2+4+6+8	11=9+10	12	13=11-12	14=13÷(100%+税率或征收率)×税率或征收率
二、简易计税方法计税	全部征税项目	3%征收率的服务、不动产和无形资产	12														
		预征率　%	13a	—	—	—	—	—	—	—	—	—	—	—	—	—	—
		预征率　%	13b	—	—	—	—	—	—	—	—	—	—	—	—	—	—
		预征率　%	13c	—	—	—	—	—	—	—	—	—	—	—	—	—	—
	其中：即征即退项目	即征即退货物及加工修理修配劳务	14	—	—	—	—	—	—	—	—	—	—	—	—	—	—
		即征即退服务、不动产和无形资产	15	—	—	—	—	—	—	—	—	—	—	—	—	—	—
三、免抵退税		货物及加工修理修配劳务	16	—	—	—	—	—	—	—	—	—	—	—	—	—	—
		服务、不动产和无形资产	17	—	—	—	—	—	—	—	—	—	—	—	—	—	—
四、免税		货物及加工修理修配劳务	18	—	—	—	—	—	—	—	—	—	—	—	—	—	—
		服务、不动产和无形资产	19	—	—	—	—	—	—	—	—	—	—	—	—	—	—

表7-4 增值税纳税申报表附列资料（二）

（本期进项税额明细）

税款所属时间：　　　年　月　日至　　年　月　日

纳税人名称：（公章）　　　　　　　　　　　　　　金额单位：元（列至角分）

一、申报抵扣的进项税额				
项目	栏次	份数	金额	税额
（一）认证相符的增值税专用发票	1=2+3			
其中：本期认证相符且本期申报抵扣	2			
前期认证相符且本期申报抵扣	3			
（二）其他扣税凭证	4=5+6+7+8a+8b			
其中：海关进口增值税专用缴款书	5			
农产品收购发票或者销售发票	6			
代扣代缴税收缴款凭证	7		—	
加计扣除农产品进项税额	8a	—	—	
其他	8b			
（三）本期用于购建不动产的扣税凭证	9			
（四）本期用于抵扣的旅客运输服务扣税凭证	10			
（五）外贸企业进项税额抵扣证明	11		—	—
当期申报抵扣进项税额合计	12=1+4+11			
二、进项税额转出额				
项目	栏次	税额		
本期进项税额转出额	13=14至23之和			
其中：免税项目用	14			
集体福利、个人消费	15			
非正常损失	16			
简易计税方法征税项目用	17			

续表

二、进项税额转出额		
项目	栏次	税额
免抵退税办法不得抵扣的进项税额	18	
纳税检查调减进项税额	19	
红字专用发票信息表注明的进项税额	20	
上期留抵税额抵减欠税	21	
上期留抵税额退税	22	
其他应作进项税额转出的情形	23	

三、待抵扣进项税额				
项目	栏次	份数	金额	税额
（一）认证相符的增值税专用发票	24	—	—	—
期初已认证相符但未申报抵扣	25			
本期认证相符且本期未申报抵扣	26			
期末已认证相符但未申报抵扣	27			
其中：按照税法规定不允许抵扣	28			
（二）其他扣税凭证	29=30 至 33 之和			
其中：海关进口增值税专用缴款书	30			
农产品收购发票或者销售发票	31			
代扣代缴税收缴款凭证	32			—
其他	33			
	34			

四、其他				
项目	栏次	份数	金额	税额
本期认证相符的增值税专用发票	35			
代扣代缴税额	36		—	—

表 7-5　增值税纳税申报表附列资料（三）

（服务、不动产和无形资产扣除项目明细）

税款所属时间：　　年　月　日至　　年　月　日

纳税人名称：（公章）　　　　　　　　　　　　　　　　金额单位：元（列至角分）

项目及栏次		本期服务、不动产和无形资产价税合计额（免税销售额）	服务、不动产和无形资产扣除项目				
			期初余额	本期发生额	本期应扣除金额	本期实际扣除金额	期末余额
		1	2	3	4=2+3	5（5≤1且 5≤4）	6=4-5
13% 税率的项目	1						
9% 税率的项目	2						
6% 税率的项目（不含金融商品转让）	3						
6% 税率的金融商品转让项目	4						
5% 征收率的项目	5						
3% 征收率的项目	6						
免抵退税的项目	7						
免税的项目	8						

表 7-6　增值税纳税申报表附列资料（四）

（税额抵减情况表）

税款所属时间：　　年　月　日至　　年　月　日

纳税人名称：（公章）　　　　　　　　　　　　　　　　金额单位：元（列至角分）

一、税额抵减情况						
序号	抵减项目	期初余额	本期发生额	本期应抵减税额	本期实际抵减税额	期末余额
		1	2	3=1+2	4≤3	5=3-4
1	增值税税控系统专用设备费及技术维护费					

续表

一、税额抵减情况						
序号	抵减项目	期初余额	本期发生额	本期应抵减税额	本期实际抵减税额	期末余额
		1	2	3=1+2	4≤3	5=3-4
2	分支机构预征缴纳税款					
3	建筑服务预征缴纳税款					
4	销售不动产预征缴纳税款	10 000 000.00	3 000 000.00	13 000 000.00	0.00	13 000 000.00
5	出租不动产预征缴纳税款					

二、加计抵减情况							
序号	加计抵减项目	期初余额	本期发生额	本期调减额	本期可抵减额	本期实际抵减额	期末余额
		1	2	3	4=1+2-3	5	6=4-5
6	一般项目加计抵减额计算						
7	即征即退项目加计抵减额计算						
8	合计						

（3）预缴土地增值税

如表 7-7 所示，选择适用税目，填列计税依据（预售回款扣减预缴增值税后余额），计算得出应纳税额。

（4）预缴所得税

如表 7-8 所示，填列当季度初及季度末公司从业人数、资产规模等信息，并填列当期利润总额、特定业务计算的应纳税所得额（所得税预售毛利扣减预缴土地增值税后余额），计算得出本期应纳所得税额。

表 7-7 财产和行为税纳税申报表

纳税人识别号：

纳税人名称：

金额单位：人民币元（列至角分）

序号	税种	税目	税款所属期起	税款所属期止	计税依据	税率	应纳税额	减免税额	已缴税额	应补（退）税额
1	土地增值税	其他类型房地产（预征）	××××-××-××	××××-××-××	106 000 000.00	2%	2 120 000.00	0.00	0.00	2 120 000.00
2	合计	—	—	—	—	—	2 120 000.00	0.00	0.00	2 120 000.00

声明：此表是根据国家税收法律法规及相关规定填写的，本人（单位）对填报内容（及附带资料）的真实性、可靠性、完整性负责。

纳税人（签章）：

年　月　日

经办人：

经办人身份证号：

代理机构签章：

代理机构统一社会信用代码：

受理人：

受理税务机关（章）：

受理日期：　年　月　日

表 7-8　中华人民共和国企业所得税月（季）度预缴纳税申报表（A 类）

税款所属期间：

纳税人识别号：

纳税人名称：

金额单位：人民币元（列至角分）

行次	预 缴 税 款 计 算	本年累计
1	营业收入	0.00
2	营业成本	0.00
3	利润总额	−5 000 000.00
4	加：特定业务计算的应纳税所得额	12 880 000.00
5	减：不征税收入	0.00
6	减：资产加速折旧、摊销（扣除）调减额（填写 A201020）	0.00
7	减：免税收入、减计收入、加计扣除	0.00
8	减：所得减免	0.00
9	减：弥补以前年度亏损	0.00
10	实际利润额（3+4-5-6-7-8-9）\按照上一纳税年度应纳税所得额平均额确定的应纳税所得额	7 880 000.00
11	税率（25%）	0.25
12	应纳所得税额（10×11）	1 970 000.00
13	减：减免所得税额	0.00
14	减：本年实际已缴纳所得税额	0.00
15	减：特定业务预缴（征）所得税额	0.00
16	本期应补（退）所得税额（12-13-14-15）\税务机关确定的本期应纳所得税额	1 970 000.00
经办人： 经办人身份证号： 代理机构签章： 代理机构统一社会信用代码：		受理人： 受理税务机关（章） 受理日期：　　年　月　日

（5）预缴城市维护建设税、教育费附加、地方教育附加

如表 7-9 所示，选择减免情况（六税两费减免、小规模纳税人减免等），根据当期预缴增值税，以及相应税（费）率，计算得出相应税（费）额。

表 7-9 增值税及附加税费预缴表附列资料

纳税人名称：（公章）

税款所属时间： 年 月 日 至 年 月 日

金额单位：元（列至角分）

	增值税小规模纳税人：□是 □否
	增值税一般纳税人：□个体工商户 □小型微利企业

本期是否适用小微企业"六税两费"减免政策 □是 □否

减免政策适用主体	
适用减免政策起止时间	年 月 至 年 月

税（费）种	计税（费）依据 增值税预缴税额	税（费）率/%	本期应纳税（费）额	本期减免税（费）额		小微企业"六税两费"减征政策		本期实际预缴税（费）额
				减免性质代码	减免税（费）额	减征比例/%	减征额	
	1	2	3=1×2	4	5	6	7=(3-5)×6	8=3-5-7
城市维护建设税	3 000 000.00	7	210 000.00	—	0.00	0.00	0.00	210 000.00
教育费附加	3 000 000.00	3	90 000.00	—	0.00	0.00	0.00	90 000.00
地方教育附加	3 000 000.00	2	60 000.00	—	0.00	0.00	0.00	60 000.00
合计	—	—	360 000.00	—	0.00	—	0.00	360 000.00

7.6　交房环节销售收入、成本确认

房地产开发企业开发楼宇竣工验收合格，并取得工程竣工验收备案表，房产达到当地政府规定的销售条件，签订了销售合同，取得了买方按照销售合同约定交付全部房款的付款证明，发出入户许可通知后确认房产销售收入，同时结转房产销售成本。

7.6.1　房产销售收入、成本结转会计处理

例 7-4　接"7.5.2"中例 7-2 中的案例，在预售期内收到的房款 10 900 万元，此时已交房并满足销售收入确认条件。

（1）确认收入

会计处理如下：

借：合同负债——辅助核算　　　　10 000

　　应交税费——待转销项税额　900

　　贷：主营业务收入——辅助核算　　　　10 000

　　　　应交税费——应交增值税——销项税额　900

（2）结转成本

假设与之对应的销售成本是 7 000 万元。会计处理如下：

借：主营业务成本　　　7 000

　　贷：开发产品——辅助核算　7 000

7.6.2　土地款抵减有关规定

按照财政部《增值税会计处理规定》（财会〔2016〕22 号）规定，房地产开发企业中的一般纳税人销售自行开发的房地产项目，适用一

般计税方法计税，按照取得的全部价款和价外费用，扣除当期销售房地产项目对应的土地价款和拆迁补偿费用后的余额计算销售额进行差额征税。

房地产开发企业发生符合差额征税规定的可抵减的成本费用时，按正常成本费用的会计处理办法入账，待取得合规增值税扣税凭证且纳税义务发生时，计算允许抵扣的增值税税额，冲抵"主营业务成本"，账务处理如下：

借：应交税费——应交增值税——销项税额抵减

　贷：主营业务成本

（1）销售额的计算公式

销售额 =（全部价款和价外费用 - 当期允许扣除的土地价款和拆迁补偿费用）÷（1+9%）

（2）当期允许扣除的土地价款和拆迁补偿费用计算公式

当期允许扣除的土地价款和拆迁补偿费用 =（当期销售房地产项目建筑面积 ÷ 房地产项目可供销售建筑面积）× 支付的土地价款和拆迁补偿费用

① 当期销售房地产项目建筑面积，是指当期进行纳税申报的增值税销售额对应的建筑面积。

② 房地产项目可供销售建筑面积，是指房地产项目可以出售的总建筑面积，不包括销售房地产项目时未单独作价结算的配套公共设施的建筑面积。

③ 支付的土地价款，是指向政府、土地管理部门或受政府委托收取土地价款的单位直接支付的土地价款。

④ 支付的拆迁补偿费用，是指房地产开发企业中的一般纳税人销售自行开发的房地产项目（选择简易计税方法的房地产老项目除外），在取得土地时向其他单位或个人支付的拆迁补偿费用。

7.7　企业开发房地产老项目收入结转

（1）销售收入一般规定

房地产开发企业中的一般纳税人销售自行开发的房地产老项目适用简易计税方法计税的，以取得的全部价款和价外费用为销售额，不得扣除对应的土地价款。

简易计税方法的应纳税额，是指按照销售额和增值税征收率计算的增值税额，不得抵扣进项税额。

应纳税额计算公式：应纳税额＝销售额 × 征收率 。

（2）会计处理

例 7-5　某一房地产开发企业（一般纳税人）销售自行开发的房地产老项目（适用简易计税方法）。假设预售阶段增值税预征率为 3%，增值税征收率为 5%，预售阶段房屋销售收入为 10 500 万元。则销售收入确认时，会计处理如下：

借：合同负债——客户　　　　　　10 000　 10 500÷（1+5%）
　　应交税费——待转销项税额　　　500　 10 500÷（1+5%）×5%
　贷：主营业务收入　　　　　　　10 000
　　　应交税费——简易计税　　　　500

7.8　其他情况下会计处理

7.8.1　定金、订金、诚意金、认筹款、意向金

（1）性质判断

房地产企业在预售商品房时，为了提高竞争力，提前锁定客户，

一般会以定金、订金、诚意金、认筹款、意向金等名义向意向客户收取部分款项。一般来说定金有预收房款的性质，而订金、诚意金、认筹款、意向金等是否属于预收房款的性质，关系着房地产开发企业预缴税款的问题，如果处理不好，将面临税务风险。所以，要结合当地的税务政策，做好税务筹划。以下是不同省份对定金、订金、诚意金、认筹款、意向金等是否属于预收房款的答复。

① 《河北省国家税务局关于全面推开营改增有关政策问题的解答（之二）》"四、关于房地产开发企业预收款范围及开票申报问题"解答如下：

预收款包括分期取得的预收款（首付＋按揭＋尾款）、全款取得的预收款。定金属于预收款；**诚意金、认筹金和订金不属于预收款**。房地产开发企业收到预收款时，未达到纳税义务发生时间，不开具发票，应按照销售额的 3% 预缴增值税，填报《增值税预缴税款表》。

② 《河北省国家税务局关于全面推开营改增有关政策问题的解答（之八）》，"七、关于房地产开发企业收取的订金、意向金、诚意金等款项缴纳增值税问题"解答如下：

房地产开发企业以订金、意向金、诚意金、认筹金等各种名目向购房人收取的款项不同时符合下列条件的均属于预收款性质，应按规定预缴增值税：

a. 收取的款项金额不超过 5 万元（含 5 万元）；

b. 收取的款项从收取之日起三个月内退还给购房人。

③ 《河南省国家税务局"营改增"问题快速处理机制专期九》，"问题六 房地产开发企业收到购房人的定金、订金、诚意金、意向金时，是否视同收到预收款按照 3% 的预征率预缴增值税？"答复如下：

"定金"是一个法律概念，属于一种法律上的担保方式，《中华人民共和国担保法》第八十九条规定：当事人可以约定一方向对方给付定金作为债权的担保。债务人履行债务后，定金应当抵作价款或者收回。给付定金的一方不履行约定的债务的，无权要求返还定金；收受定金的一方不履行约定的债务的，应当双倍返还定金。（《中华人民共和国担保法》已于 2021 年 1 月 1 日废止，相关规定更新于《中华人民共和国民法典》中，此外第八十九条规定见《中华人民共和国民法典》第五百八十六条、第五百八十七条。）签合同时，对定金必须以书面形式进行约定，同时还应约定定金的数额和交付期限。定金数额可以由合同双方当事人自行约定，但是不得超过主合同总价款的 20%，超过 20% 部分无效。

"订金"目前我国现行法律中没有明确规定，它不具备"定金"的担保性质，当合同不能履行时，除不可抗力外，应根据双方当事人的过错承担违约责任，一方违约，另一方无权要求其双倍返还，只能得到原额，也没有 20% 比例的限制。

"意向金（诚意金）"在我国现行法律中不具有法律约束力，主要是房产中介行业为试探购房人的购买诚意及对其有更好的把控而创设出来的概念，在实践中意向金（诚意金）未转定金之前客户可要求返还且无需承担由此产生的不利后果。

综上，定金、订金、意向金、诚意金中，只有"定金"具有法律约束力，而订金、意向金、诚意金都不是法律概念，无论当事人是否违约，支付的款项均需返还。因此，**房地产开发企业收到购房人的定金，可视同收到预收款；收到订金、意向金、诚意金，不视同收到预收款。**

④《山东省国税局全面推开营改增试点政策指引（六）》，"四、关于房地产开发企业预收款范围问题"答复如下：

房地产开发企业取得的预收款包括定金、分期取得的预收款（含首付款、按揭款和尾款）和全款。**诚意金、认筹金和订金不属于预收款。**

⑤《安徽国税营改增热点难点问题（房地产）》，"14. 房地产开发企业预收款的范围如何确定？"答复如下：

房地产开发企业的预收款，为不动产交付业主之前所收到的款项，**但不含签订房地产销售合同之前收取的诚意金、认筹金和订金等。**

但《国家税务总局安徽省税务局关于修改〈关于若干税收政策问题的公告〉的公告》（国家税务总局安徽省税务局公告 2019 年第 3 号）第七条规定，**房地产开发企业转让房地产时收取的定金、诚意金等，应一并计入销售收入预征土地增值税。**在清算土地增值税时，买受方在签订合同前因撤销购买意向而向销售方支付的违约金，不计入销售收入，不征收土地增值税。

⑥《海南国税全面推开营改增政策指引——四大行业座谈会问题系列解答之房地产业》，"七、关于房地产开发企业预收款的范围问题"解答如下：

房地产开发企业的预收款，为不动产交付业主之前所收到的款项，**但不含签订房地产销售合同之前所收取的诚意金、认筹金和订金等。**

（2）会计处理

对于企业会计处理，如果属于预收房款性质，参照"7.5"节进行会计处理和申报纳税；如果不属于预收房款性质，一般计入"其他应付款"科目。会计处理如下：

借：银行存款——辅助核算

　　贷：其他应付款——辅助核算

7.8.2　销售佣金的会计处理

（1）涉及会计科目

①资产类会计科目：银行存款、合同取得成本。

②负债类会计科目：应交税费——应交增值税——进项税额。

③ 损益类会计科目：销售费用。

（2）合同取得成本

① 合同取得成本是企业在取得合同过程中发生的且能够预计收回的增量成本。合同取得成本具有以下特性：

a. 增量成本：增量成本是指企业不取得合同就不会发生的成本，例如销售佣金等。

b. 可预计收回：合同取得成本必须是企业能够预计收回的，即这些成本的支出与未来可能获得的合同收入之间存在直接关联。

c. 资本化处理：满足上述条件的合同取得成本应当作为资产进行会计处理。

② 会计处理

a. 初始确认：发生时，应将其借记到"合同取得成本"科目，并贷记相应的支付科目。

b. 摊销：应按照与合同收入确认相同的基础进行摊销，计入当期损益。摊销期限通常不超过一年或一个正常营业周期。

c. 期末余额：期末时，"合同取得成本"科目的借方余额反映了企业尚未结转的合同取得成本。

例 7-6　甲房地产开发公司与一房地产中介签订销售代理服务协议，协议约定按照销售合同额的 2% 支付销售代理佣金（专票税率6%），并约定网签时支付 50%、客户房款全部交清时支付另外 50%。当月房地产中介销售 10 套住房，合同额 10 000 万元，客户次月完成网签工作，并于年底交清全部房款。房屋于第二年交付客户使用。

a. 完成网签时，甲房地产公司会计处理如下：

借：合同取得成本——辅助核算　　　　　　94.34

$$100 \div (1+6\%)$$

应交税费——应交增值税——进项税额 5.66

$$100\div(1+6\%)\times6\%$$

贷：银行存款——辅助核算　　　　　100

$$10\,000\times2\%\times50\%$$

b. 客户交清全部房款时，甲房地产公司会计处理如下：

借：合同取得成本——辅助核算　　　　94.34

$$100\div(1+6\%)$$

应交税费——应交增值税——进项税额 5.66

$$100\div(1+6\%)\times6\%$$

贷：银行存款——辅助核算　　　　　100

$$10\,000\times2\%\times50\%$$

c. 房屋交付时，甲房地产公司确认收入、结转成本，"合同取得成本"转为当期损益。甲房地产公司"合同取得成本"会计处理如下：

借：销售费用　　　　　　　　　188.68

贷：合同取得成本——辅助核算　　188.68　　94.34×2

7.8.3　工抵房的会计处理

（1）工抵房的概念

工抵房，全称工程抵款房，是指房地产开发企业因无法支付工程款，而将已建成或尚未建成的开发产品"支付"给建筑施工方，用于抵减建筑施工方尚未支付的工程款。这种交易方式在房地产开发过程中较为常见，尤其是在开发商资金链紧张时。通过工抵房，开发商能够缓解资金压力，而施工方则能够获得实物资产作为工程款的补偿。

（2）工抵房的账务处理原则

工抵房的账务处理需要遵循企业会计准则，确保财务报表准确反映企业状况。在处理工抵房账务时，首先要确认房产的成本，并选择合适的会计科目进行核算。同时，还需要考虑相关的税费处理问题，如增值税、所得税等，确保符合税法规定。此外，工抵房的账务处理还需注重法律合规性，确保所有交易符合相关法律法规的要求。

（3）工抵房确认考虑因素

① 确认债务：首先，企业应确认与建筑商或供应商之间的应付工程款债务，该债务通常在工程进度或完成时确认。

② 确认抵账资产：企业应确认用于抵账的房产，该房产应具备可转让、无权利瑕疵等条件。

③ 评估房产价值：企业需要对用于抵账的房产进行评估，确定其公允价值。如果双方协商一致，可以直接以协商价值作为房产的公允价值。

（4）工抵房处理的情形

① 房地产开发商向债权方办理网签，并将商品房过户到债权方。

② 由房地产开发商继续销售，并将销售款支付给债权方。

（5）工抵房会计处理

① 房地产开发商向债权方办理网签，并将商品房过户到债权方的会计处理见例 7-7。

例 7-7　甲房地产开发商欠乙建筑施工单位 1 000 万工程款，甲方和乙方约定，由甲以工抵房（不含税成本 800 万元）方式偿还工程款，并由乙方持有该房产。

a.房产处于在建期间，工抵房以 1 000 万元价格成交，并办理网签手续。甲方会计处理如下：

借：应付账款——辅助核算　　　1 000

　　贷：合同负债——辅助核算　　　917.43　　1 000÷（1+9%）

　　　　应交税费——待转销项税额　82.57　　1 000÷（1+9%）×9%

其预缴的税费见"7.5.2"的会计账务处理

房屋交付使用后，确认收入，结转成本。甲方会计处理如下：

借：合同负债——辅助核算　　　917.43

　　应交税费——待转销项税额　82.57

　　贷：主营业务收入——辅助核算　917.43

　　　　应交税费——销项税额　　　82.57

借：主营业务成本　　　　　　　800

　　贷：开发产品——辅助核算　　　800

b.假设该房产具备交付使用条件，并办理网签、交房。甲方会计处理如下：

借：应付账款——辅助核算　　　1 000

　　贷：主营业务收入——辅助核算　917.43

　　　　应交税费——销项税额　　　82.57

借：主营业务成本　　　　　　　800

　　贷：开发产品——辅助核算　　　800

② 由房地产开发商继续销售，并将销售款支付给债权方的会计处理见例7-8。

例 7-8　甲房地产开发商欠乙建筑施工单位1 000万工程款，甲方和乙方约定，由甲以工抵房（不含税成本800万元）方式偿还工程款，并由甲方继续销售和向客户办理网签，销售的价款用于偿还工程欠款。

a.销售款为1 000万元时，预售阶段。甲方会计处理如下：

借：银行存款——辅助核算　　　　　 1 000

　　贷：合同负债——辅助核算　　　　917.43　　<u>1 000÷（1+9%）</u>

　　　　应交税费——待转销项税额　　82.57

　　　　　　　　　　　　　　　　　　　　<u>1 000÷（1+9%）×9%</u>

其预缴的税费见"7.5.2"的会计账务处理。

偿还工程欠款。甲方会计处理如下：

借：应付账款——辅助核算　　　　　 1 000

　　贷：银行存款——辅助核算　　　　 1 000

房屋交付使用后，确认收入，结转成本。甲方会计处理如下：

借：合同负债——辅助核算　　　　　917.43

　　应交税费——待转销项税额　　　82.57

　　贷：主营业务收入——辅助核算　917.43

　　　　应交税费——销项税额　　　82.57

借：主营业务成本　　　　　　　　　 800

　　贷：开发产品——辅助核算　　　　800

假设该房产具备交付使用条件，并办理网签、交房。甲方会计处理如下：

借：银行存款——辅助核算　　　　　 1 000

　　贷：主营业务收入——辅助核算　917.43

　　　　应交税费——销项税额　　　82.57

借：主营业务成本　　　　　　　　　 800

　　贷：开发产品——辅助核算　　　　800

偿还工程欠款。甲方会计处理如下：

借：应付账款——辅助核算　　　　　 1 000

　　贷：银行存款——辅助核算　　　　 1 000

b.如果销售款为小于 1 000 万元时（假设 950 万元，因市场下行，房屋降价，该风险由施工方承担），预售阶段。甲方会计处理如下：

借：银行存款——辅助核算　　　　　　950

　　贷：合同负债——辅助核算　　　　871.56　　950÷（1+9%）

　　　　应交税费——待转销项税额　　78.44

　　　　　　　　　　　　　　　　　　950÷（1+9%）×9%

其预缴的税费见"7.5.2"的会计账务处理。

偿还工程欠款。甲方会计处理如下：

借：应付账款——辅助核算　　　　　1 000

　　贷：银行存款——辅助核算　　　　　950

　　　　营业外收入——债务重组收益　　50

房屋交付使用后，确认收入，结转成本。甲方会计处理如下：

借：合同负债——辅助核算　　　　871.56

　　应交税费——待转销项税额　　78.44

　　贷：主营业务收入——辅助核算　871.56

　　　　应交税费——销项税额　　　78.44

借：主营业务成本　　　　　　　　800

　　贷：开发产品——辅助核算　　　　800

假设该房产具备交付使用条件，并办理网签、交房。甲方会计处理如下：

借：银行存款——辅助核算　　　　　950

　　贷：主营业务收入——辅助核算　871.56

　　　　应交税费——销项税额　　　78.44

借：主营业务成本　　　　　　　　800

　　贷：开发产品——辅助核算　　　　800

偿还工程欠款。甲方会计处理如下：

借：应付账款——辅助核算　　　　　1 000

贷：银行存款——辅助核算　　　　950

　　营业外收入——债务重组收益　　50

7.8.4　买房赠送物品的财税处理

该"买房赠送物品"是指开发商与客户签订房屋销售合同，并向客户赠送物品（可移动或可拆卸后独立使用的物品），比如洗衣机、冰箱、电视等。不同于日常营销活动中因向客户宣传、推销房屋产品而赠送的物品，该赠送物品行为与具体销售房屋不挂钩。

（1）增值税相关规定

① 视同销售。根据《中华人民共和国增值税暂行条例实施细则》第四条规定，单位或者个体工商户的下列行为，视同销售货物：

a. 将货物交付其他单位或者个人代销；

b. 销售代销货物；

c. 设有两个以上机构并实行统一核算的纳税人，将货物从一个机构移送其他机构用于销售，但相关机构设在同一县（市）的除外；

d. 将自产或者委托加工的货物用于非增值税应税项目；

e. 将自产、委托加工的货物用于集体福利或者个人消费；

f. 将自产、委托加工或者购进的货物作为投资，提供给其他单位或者个体工商户；

g. 将自产、委托加工或者购进的货物分配给股东或者投资者；

h. 将自产、委托加工或者购进的货物无偿赠送其他单位或者个人。

② 确定销售额。根据《中华人民共和国增值税暂行条例实施细则》第十六条规定，视同销售货物行为而无销售额者，按下列顺序确定销售额：

a. 按纳税人最近时期同类货物的平均销售价格确定；

b. 按其他纳税人最近时期同类货物的平均销售价格确定;

c. 按组成计税价格确定。组成计税价格的公式为:

$$组成计税价格 = 成本 \times (1 + 成本利润率)$$

属于应征消费税的货物,其组成计税价格中应加计消费税额。

③ 税率。根据《中华人民共和国增值税暂行条例》第三条规定,纳税人兼营不同税率的项目,应当分别核算不同税率项目的销售额;未分别核算销售额的,从高适用税率;另外,根据 2026 年 1 月 1 日即将实施的《中华人民共和国增值税法》第十二条规定,纳税人发生两项以上应税交易涉及不同税率、征收率的,应当分别核算适用不同税率、征收率的销售额;未分别核算的,从高适用税率。

根据《财政部 国家税务总局关于全面推开营业税改征增值税试点的通知》(财税〔2016〕36 号)附件一《营业税改征增值税试点实施办法》第三十九条规定,纳税人兼营销售货物、劳务、服务、无形资产或者不动产,适用不同税率或者征收率的,应当分别核算适用不同税率或者征收率的销售额;未分别核算的,从高适用税率。

下面以河北省、广东省为例对视同销售政策进行讲解。

例 7-9 《河北省国家税务局关于全面推开营改增有关政策问题的解答(之二)》"十二、关于房地产开发企业销售精装修房所含装饰、设备是否视同销售问题"解答如下:

《营业税改征增值税试点实施办法》第十四条第二款规定,视同销售不动产的范围是:"单位或者个人向其他单位或者个人无偿转让无形资产或者不动产,但用于公益事业或者以社会公众为对象的除外。"房地产开发企业销售精装修房,已在《商品房买卖合同》中注明的装修费用(含装饰、设备等费用),已经包含在房价中,因此不属于税法中所称的无偿赠送,无须视同销售。房地产企业"买房赠家电"等营销方式的纳税比照本原则处理。

例如：房地产公司销售精装修房一套，其中精装修部分含电器、家具的购进价格为 10 万元，销售价格 200 万元，并按照 200 万元全额开具增值税发票，按照 11% 税率申报销项税额。此时，无须对 10 万元电器部分单独按照销售货物征收增值税。

例 7-10　广东省国家税务局《营改增试点行业纳税遵从指引——房地产业》"2.4 视同销售"部分的"2.4.2 特殊行为判定 -2. 买房送家电或物业管理费等"规定：

买房送家电、送物业管理费等，其性质与销售房地产开发项目的同时赠送车位或储物间类似，无须视同销售。如果赠送行为与销售房地产开发项目无关，仅属于单纯的赠送行为，如旧业主介绍新业主，房地产开发企业赠送给旧业主物业管理费等情形，则应视同销售。

（2）企业所得税相关规定

《国家税务总局关于企业处置资产所得税处理问题的通知》（国税函〔2008〕828 号）规定，企业将资产移送他人的下列情形，因资产所有权属已发生改变而不属于内部处置资产，应按规定视同销售确定收入：

①用于市场推广或销售；

②用于交际应酬；

③用于职工奖励或福利；

④用于股息分配；

⑤用于对外捐赠；

⑥其他改变资产所有权属的用途。

例 7-11　国家税务总局安徽省税务局 12366 咨询热点问题解答（2024 年 9 月）。企业以买一赠一等方式组合销售本企业商品，企业所得税上应视同销售处理吗？

解答：企业发生非货币性资产交换，以及将货物、财产、劳务用于捐赠、偿债、赞助、集资、广告、样品、职工福利或者利润分配等用途的，应当视同销售货物、转让财产或者提供劳务，但国务院财政、税务主管部门另有规定的除外。企业以买一赠一等方式组合销售本企业商品的，不属于捐赠，应将总的销售金额按各项商品的公允价值的比例来分摊确认各项的销售收入。文件依据：《中华人民共和国企业所得税法实施条例》（中华人民共和国国务院令第512号）、《国家税务总局关于确认企业所得税收入若干问题的通知》（国税函〔2008〕875号）。

（3）土地增值税相关规定

买房赠送的物品，比如精装修所用家电、家具不构成工程实体。根据《中华人民共和国土地增值税暂行条例实施细则》规定，开发土地和新建房及配套设施的成本，是指纳税人房地产开发项目实际发生的成本，包括土地征用及拆迁补偿费、前期工程费、建筑安装工程费、基础设施费、公共配套设施费、开发间接费用；根据《关于房地产开发企业土地增值税清算管理有关问题的通知》（国税发〔2006〕187号）关于土地增值税的扣除项目的规定：房地产开发企业销售已装修的房屋，其装修费用可以计入房地产开发成本。

根据上述规定，不属于以建筑物为载体的附属设备家电、家具，不论销售合同如何约定，都不能作为房地产"开发成本"处理。不符合土地增值税扣除项目的内容，因此不能作为成本项目扣除。由于上述家电、家具等不能作为成本项目扣除，计算土地增值税的收入一般也应以总销售收入减去家用电器等的采购价格作为房地产销售收入计算土地增值税。

实际执行过程中，也会出现区域性的差异。以河北省、安徽省、广州市为例。

例 7-12　根据 2014 年《河北省地方税务局关于对地方税有关业务问题的解答》"八、房地产开发企业销售精装修房时，如其装修中包括销售家用电器、可移动家具、日用品、可移动装饰用品（如窗帘、装饰画等）费用是否可以计入开发成本"。解答如下：

房地产开发企业销售精装修房，其装修费用可以计入房地产开发成本。但其装修费用不包括房地产开发企业自行采购或委托装修公司购买的家用电器、可移动家具、日用品、可移动装饰用品（如窗帘、装饰画等）所发生的支出。房地产开发企业销售精装修房时，如其销售收入包括销售家用电器、可移动家具、日用品、可移动装饰用品（如窗帘、装饰画等）等取得的收入，应以总销售收入减去家用电器等的采购价格作为房地产销售收入计算土地增值税。

例 7-13　根据《国家税务总局安徽省税务局关于修改〈关于若干税收政策问题的公告〉的公告》（国家税务总局安徽省税务局公告 2019 年第 3 号）修改后的"六、房地产开发企业销售精装修房，其装修费用可以计入房地产开发成本"规定，上述装修费用不包括房地产开发企业自行采购或委托装修公司购买的家用电器、家具所发生的支出，也不包括与房地产连接在一起、但可以拆除且拆除后无实质性损害的物品所发生的支出。房地产开发企业销售精装修房时，如其销售收入包括销售家用电器、家具等取得的收入，应以**总销售收入减去销售家用电器、家具等取得的收入作为房地产销售收入计算土地增值税**。其中销售家用电器、家具等取得的收入按照购置时的含税销售额计算。

例 7-14　根据《广州市地方税务局关于印发 2014 年土地增值税清算工作有关问题的处理指引的通知》（穗地税函〔2014〕175 号）"一、关于家具家电成本的扣除问题"规定，随房屋一同出售的家具、家电，如果安装后不可移动，成为房屋的组成部分，并且拆除后影响或丧失其使用功能的，如整体中央空调、户式小型中央空调、固定式衣柜橱柜等，其外购成本计入开发成本予以扣除。其他家具、家电（如分体式空调、电视、电冰箱等）的外购成本予以据实扣除，但不得作为加计 20% 扣除的基数。

7.8.5　开发产品转为自用不超 12 个月又销售（未做权属登记）

根据《房地产开发经营业务企业所得税处理办法》（国税发〔2009〕31 号）第二十四条规定，企业开发产品转为自用的，其实际使用时间累计未超过 12 个月又销售的，不得在税前扣除折旧费用。

例 7-15　甲房地产公司将其中一套房产转为自用办公，价值 600 万元，假设房屋折旧年限 40 年，已使用 7 个自然月（计提折旧时间 6 个月），第 6 个月转为销售。则会计处理如下：

（1）转为自用时

借：固定资产　　　　　　　　600

　贷：开发产品　　　　　　　　600

（2）每月计提折旧

每月计提折旧 =600÷（40×12）=1.25（万元）

6 个月共计提折旧 7.5 万元，每月计提折旧的会计分录如下：

借：管理费用　　　　　　　　1.25

　贷：累计折旧　　　　　　　　1.25

（3）自用转为销售，红冲（1）和（2）的会计分录

借：固定资产　　　　　　　　-600

　贷：开发产品　　　　　　　　-600

借：管理费用　　　　　　　　-7.5

　贷：累计折旧　　　　　　　　-7.5

7.8.6 开发产品转为自用又销售（做权属登记）

如果房地产开发企业将开发产品转为自用（已做权属登记）又销售的，一般不作为新房销售，而是作为"二手房"销售。

例 7-16 《河北省国家税务局关于全面推开营改增有关政策问题的解答（之二）》"十六、关于房地产开发企业自行开发的开发产品转为固定资产后再销售问题"解答如下：

房地产开发企业销售权属登记在自己名下的不动产，应当按照《纳税人转让不动产增值税征收管理暂行办法》（国家税务总局 2016 年第 14 号公告）的规定进行税务处理，不适用《房地产开发企业销售自行开发的房地产项目增值税征收管理暂行办法》（国家税务总局公告 2016 年第 18 号），不允许扣除土地成本。例如，某房地产企业开发一批商铺，销售出 90%，剩余有 10 套商铺尚未售出。房地产开发企业办理权属登记时，将该 10 套商铺登记在自己名下。3 年后，该商区房产价格上涨，房地产开发企业决定将该 10 套商铺再出售，此时，该 10 套商铺已经登记在房地产企业名下，再次销售时，属于"二手"，不是房地产开发项目尚未办理权属登记的房产，因此应适用《纳税人转让不动产增值税征收管理暂行办法》（国家税务总局 2016 年第 14 号公告）。

第 8 章

房地产开发企业
常见税务问题

8.1　契税

（1）政府减免的土地出让金是否应计算缴纳契税

按照《国家税务总局关于免征土地出让金出让国有土地使用权征收契税的批复》（国税函〔2005〕436 号）的内容如下：根据《中华人民共和国契税暂行条例》（已更新为《中华人民共和国契税法》）及其细则的有关规定，对承受国有土地使用权所应支付的土地出让金，要计征契税。不得因减免土地出让金，而减免契税。

（2）契税的计税依据

契税常见的问题是计税依据（或者说计税事项的范围）。根据《财政部　税务总局关于贯彻实施契税法若干事项执行口径的公告》（财政部　税务总局公告 2021 年第 23 号）"二、关于若干计税依据的具体情形"相关规定，土地使用权出让的，计税依据包括土地出让金、土地补偿费、安置补助费、地上附着物和青苗补偿费、征收补偿费、城市基础设施配套费、实物配建房屋等应交付的货币以及实物、其他经济利益对应的价款。

从上述规定上来看，契税的计税依据不仅仅是土地出让金，所以企业要注意该项税收风险。

另外，城市基础设施配套费是需要企业特别留意的事项。城市基础设施配套费主要用于建设项目以外的市政公用配套设施，包括城市主次干道、给排水、供电、供气、路灯、公共交通、环境卫生和园林绿化等项目的建设和维护。这些设施是城市运行的基础，其建设和维护资金部分来源于城市基础设施配套费。该项费用存在补缴的情况，可能就面临着是否计算缴纳契税的问题，所以说一定要咨询当地主管税务机关，避免税务风险。

例8-1 《河南省财政厅对河南省政协十二届一次会议第1210075号提案的答复》（豫财办案〔2018〕26号）内容如下：

省工商联：

贵单位提出的关于"暂缓将城市配套费计入契税计税依据"的提案收悉。经与省发展改革委、省地税局共同研究，现答复如下：

根据《中华人民共和国契税暂行条例》及实施细则规定，"国有土地使用权出让、土地使用权出售、房屋买卖，契税计税依据为成交价格"。"成交价格，是指土地、房屋权属转移合同确定的价格。包括承受者应交付的货币、实物、无形资产或者其他经济利益。"（《中华人民共和国契税暂行条例》已于2021年9月1日废止，此处相关规定更新为《中华人民共和国契税法》第四条第一款：土地使用权出让、出售、房屋买卖，为土地、房屋权属转移合同确定的成交价格，包括应交付的货币以及实物、其他经济利益对应的价款。）《财政部 国家税务总局关于国有土地使用权出让等有关契税问题的通知》（财税〔2004〕134号）规定：出让国有土地使用权的，其契税计税价格为取得该土地使用权而支付的全部经济利益。以协议方式出让的，其契税计税价格为成交价格，包括土地出让金、土地补偿费、安置补助费、地上附着物和青苗补偿费、拆迁补偿费、市政建设配套费等。以竞价方式出让的，其契税计税价格一般应确定为竞价的成交价格，土地出让金、市政建设配套费以及各种补偿费用应包括在内。

目前，我省主要依据以上政策规定计征契税。关于成都市地税局将城市基础设施配套费暂缓计入契税计税依据的情况，我们向国家税务总局进行了了解，国家税务总局已责成四川省地税局纠正。按照管理权限，税收政策制定、解释属于财政部和国家税务总局事权。贵单位提出的"暂缓将城市配套费计入契税计税依据"问题，主要涉及税收政策解释。下一步，我们将联合省地税局积极把提案内容向财政部和国家税务总局反映，呼吁财政部和国家税务总局尽快研究本提案提出的问题。

最后，非常感谢贵单位对财政单位的理解和支持，希望继续对我们的工作提出宝贵意见和建议。

河南省财政厅

2018 年 5 月 30 日

（3）改变土地取得方式是否补缴契税

根据《财政部 税务总局关于贯彻实施契税法若干事项执行口径的公告》（财政部 税务总局公告 2021 年第 23 号）"二、关于若干计税依据的具体情形"相关规定：

① 以划拨方式取得的土地使用权，经批准改为出让方式重新取得该土地使用权的，应由该土地使用权人以补缴的土地出让价款为计税依据缴纳契税。

② 先以划拨方式取得土地使用权，后经批准转让房地产，划拨土地性质改为出让的，承受方应分别以补缴的土地出让价款和房地产权属转移合同确定的成交价格为计税依据缴纳契税。

③ 先以划拨方式取得土地使用权，后经批准转让房地产，划拨土地性质未发生改变的，承受方应以房地产权属转移合同确定的成交价格为计税依据缴纳契税。

（4）购买房屋的计税单元

根据《财政部 税务总局关于贯彻实施契税法若干事项执行口径的公告》（财政部 税务总局公告 2021 年第 23 号）"二、关于若干计税依据的具体情形"相关规定，房屋附属设施（包括停车位、机动车库、非机动车库、顶层阁楼、储藏室及其他房屋附属设施）与房屋为同一不动产单元的，计税依据为承受方应交付的总价款，并适用与房屋相同的税率；房屋附属设施与房屋为不同不动产单元的，计税依据为转移合同确定的成交价格，并按当地确定的适用税率计税。

不动产单元是指依据特定规则划分的、具有唯一编码标识的不动产单位，是房地产权属登记、交易和管理的基本单元。其核心作用在于明确不动产的权属边界和空间范围，确保每处房产或土地在法律和技术上的独立性。每个不动产单元拥有全国唯一的编码（如"宗地号＋定着物号"），类似身份证号，确保权属清晰、避免重复或冲突。

8.2　城镇土地使用税

（1）房地产开发企业项目在建期间，如何计算缴纳城镇土地使用税

① 纳税时间。根据《中华人民共和国城镇土地使用税暂行条例》"第九条　新征收的土地，依照下列规定缴纳土地使用税"规定，征收的耕地，自批准征收之日起满 1 年时开始缴纳土地使用税；征收的非耕地，自批准征收次月起缴纳土地使用税。根据《关于房产税、城镇土地使用税有关政策的通知》（财税〔2006〕186号）"二、关于有偿取得土地使用权城镇土地使用税纳税义务发生时间问题"规定，以出让或转让方式有偿取得土地使用权的，应由受让方从合同约定交付土地时间的次月起缴纳城镇土地使用税；合同未约定交付土地

时间的，由受让方从合同签订的次月起缴纳城镇土地使用税。根据《关于通过招拍挂方式取得土地缴纳城镇土地使用税问题的公告》（国家税务总局公告 2014 年第 74 号），对以招标、拍卖、挂牌方式取得土地的城镇土地使用税问题公告如下：通过招标、拍卖、挂牌方式取得的建设用地，不属于新征用的耕地，纳税人应按照《财政部　国家税务总局关于房产税、城镇土地使用税有关政策的通知》（财税〔2006〕186 号）第二条规定，从合同约定交付土地时间的次月起缴纳城镇土地使用税；合同未约定交付土地时间的，从合同签订的次月起缴纳城镇土地使用税。

② 计税依据。根据《中华人民共和国城镇土地使用税暂行条例》第三条规定，土地使用税以纳税人**实际占用**的土地面积为计税依据，依照规定税额计算征收。前款土地占用面积的组织测量工作，由省、自治区、直辖市人民政府根据实际情况确定。根据《关于土地使用税若干具体问题的解释和暂行规定》（国税地字〔1988〕15 号）"六、关于纳税人实际占用的土地面积的确定"规定，纳税人**实际占用**的土地面积，是指由省、自治区、直辖市人民政府确定的单位组织测定的土地面积。尚未组织测量，但纳税人持有政府部门核发的土地使用证书的，以证书确认的土地面积为准；尚未核发土地使用证书的，应由纳税人据实申报土地面积。

③ 纳税人的确定。根据《关于土地使用税若干具体问题的解释和暂行规定》（国税地字〔1988〕15 号）"四、关于纳税人的确定"规定，土地使用税由拥有土地使用权的单位或个人缴纳。拥有土地使用权的纳税人不在土地所在地的，由代管人或实际使用人纳税；土地使用权未确定或权属纠纷未解决的，由实际使用人纳税；土地使用权共有的，

由共有各方分别纳税。

（2）延期交付土地，如何计算缴纳城镇土地使用税

① 延迟交付原因。延迟需因政府规划调整、拆迁未完成、基础设施未到位等非企业可控原因导致。在延迟期间，企业未对土地进行开发、建设或经营。目前，未找到国家层面就上述原因延迟交付如何缴纳城镇土地使用税的政策文件，部分地区制定过相关的减免政策。所以，在企业遇到延期交付土地的问题时，要与当地主管税务机关做好沟通，充分了解当地的政策，避免造成税务风险。

② 操作流程

a.留存证明材料。政府通知文件：如延迟交地的书面通知、会议纪要等；土地出让合同：明确约定交付时间的条款；现场情况记录：证明土地未达到交付条件（如未完成拆迁、未通水电等）。

b.向税务机关申请。提交书面申请，说明延迟原因及未实际使用土地的情况，附相关证明材料。

下面通过有关省份的规定来了解延期交付土地的相关政策，其中有政策制定后又废止的。具体如下。

例8-2　根据《江西省地方税务局关于明确纳税人受让取得但无法使用的土地应纳城镇土地使用税纳税义务发生时间的通知》（赣地税发〔2012〕73号）规定，对因政府规划、拆迁困难等客观因素造成纳税人无法使用的土地，只要纳税人能够提供县以上人民政府（含本级）或所属国土部门出具的无法使用该宗土地的有效证明，并经主管地税机关审查属实的，对这部分土地面积可以延长到地上建筑物和其他附着物拆除后的次月起申报缴纳城镇土地使用税，但对其过去已缴纳的城镇土地使用税不退，未征的不再征收。

但《江西省地方税务局关于财产行为税若干征管问题的通知》（赣

地税发〔2016〕73 号）"二、城镇土地使用税"规定，纳税人应按照政策规定申报并缴纳城镇土地使用税，对属于城镇土地使用税征收范围但实际有部分或全部无法使用的，以及使用功能受限的土地等，均应按规定足额计算纳税，其用地方面的纠纷或困难不得影响城镇土地使用税的缴纳。

例 8-3　根据《辽宁省地方税务局关于明确房产税和城镇土地使用税有关业务问题的通知》（辽地税函〔2011〕225 号）"二、关于纳税义务发生时间问题"规定，按照《财政部　国家税务总局关于房产税、城镇土地使用税有关政策的通知》（财税〔2006〕186 号）的有关规定，对由于政府动迁不及时等原因，政府没有按照合同约定的时间将土地交付给受让者的，土地受让人应与出让者签订补充协议重新明确交付土地的时间；也可由国土部门出具有效证明，证明该宗土地确因政府的原因改变交付土地的时间。经主管地方税务机关确认后，可按补充合同或政府有关部门证明的时间，确定城镇土地使用税纳税义务发生的时间。

而在 2021 年，国家税务总局辽宁省税务局发布《关于发布全文和部分条款失效废止的税务规范性文件目录的公告》（国家税务总局辽宁省税务局公告 2021 年第 4 号）将上述的"辽地税函〔2011〕225 号"第二条规定废止。

例 8-4　根据《安徽省地方税务局关于若干税收政策问题的公告》（安徽省地方税务局公告 2012 年第 2 号）第四条规定，对以有偿方式取得土地使用权，因政府拆迁等原因未能按照合同约定时间交付使用的，在未办理土地使用权属证明前，以其与土地管理部门签订的补充合同、协议或者以政府相关职能部门的补充证明上注明的交付土地时间的次月起计算缴纳城镇土地使用税。

《安徽省地方税务局关于加强城镇土地使用税困难减免管理有关问题的公告》（安徽省地方税务局公告 2016 年第 7 号）"一、纳税人发生下列情形之一，且缴纳城镇土地使用税确有困难的，可以**酌情给予减税或免税**"第三款规定，**因政府建设规划、环境治理等特殊原因，导致土地不能使用或严重影响正常生产经营的。**

不过，根据《国家税务总局安徽省税务局关于修改〈关于若干税收政策问题的公告〉的公告》（国家税务总局安徽省税务局公告 2019 年第 3 号）规定，删除了《关于若干税收政策问题的公告》（安徽省地方税务局公告 2012 年第 2 号）第一条至第四条。

例 8-5　根据《国家税务总局海南省税务局关于房产税和城镇土地使用税困难减免税有关事项的公告》（国家税务总局海南省税务局公告 2020 年第 6 号）第一条规定，纳税人有下列情形之一的，可申请享受房产税和城镇土地使用税困难减免税：

① 因风、火、水、地震等造成的严重自然灾害或其他不可抗力因素遭受重大损失的；

② 从事鼓励类产业或公益事业的纳税人经营发生严重亏损的；

③ 因政府规划调整、环境治理等特殊原因，造成国有建设用地使用权人不能按照国有建设用地使用权有偿使用合同约定或划拨决定书规定的用途、规划和建设条件开发超过两年的土地且国有建设用地使用权人无过错的；

④ 因突发性的公共卫生、公共安全等因素导致纳税人阶段性经营困难的；

⑤ 海南省人民政府准予困难减免税的其他情形。

（3）终止缴纳城镇土地使用税

根据《财政部　国家税务总局关于房产税、城镇土地使用税有关问题的通知》（财税〔2008〕152 号）"三、关于房产税、城镇土地使用税纳税义务截止时间的问题"规定，纳税人因房产、土地的实物或权利状态发生变化而依法终止房产税、城镇土地使用税纳税义务的，其应纳税款的计算应截止到房产、土地的实物或权利状态发生变化的当月末。

对于"财税〔2008〕152 号"所说的实物或权利状态发生变化，执行过程中政策解读存在多种理解。所以，纳税人要结合当地的税务政策，做好城镇土地使用税的计算缴纳工作。

例 8-6　根据《江西省地方税务局关于财产行为税若干征管问题的通知》（赣地税发〔2016〕73 号）"二、城镇土地使用税"规定，对属于同一房地产开发项目的土地，其城镇土地使用税的应税面积每季度计算调整一次，即对已签订**权属转移合同（含预售合同）**和**已实际交付的部分**，在申报时按已售建筑面积占总可售建筑面积的比例计算扣减。

例 8-7　根据《国家税务总局安徽省税务局关于修改〈关于若干税收政策问题的公告〉的公告》（国家税务总局安徽省税务局公告 2019 年第 3 号）修改后的规定，"一、房地产开发企业销售新建商品房的城镇土地使用税纳税义务截止时间，为**房屋交付使用**的当月末。房屋交付使用的时间为合同约定时间。未按合同约定时间交付使用的，为房屋的实物或权利状态发生变化的当月末。二、房地产开发项目中公共配套设施占地的城镇土地使用税纳税义务截止时间，为该公共配套设施的实物或权利状态发生变化的当月末。"

例 8-8　根据《重庆市地方税务局关于明确房地产开发企业城镇土地使用税纳税义务终止有关问题的公告》（重庆市地方税务局公告 2012 年第 6 号）规定，房地产开发企业已销售房屋的占地面积，可从房地产开发企业的计税土地面积中扣除。内容如下：

房地产开发企业已销售房屋的占地面积，可从房地产开发企业的计税土地面积中扣除。房地产开发企业销售房屋并终止城镇土地使用税纳税义务时间按**"房屋交付时间和购房者房屋产权登记时间孰先"**的原则确定。

已销售房屋的占地面积计算公式如下：

已销售房屋的占地面积=（已销售房屋的建筑面积÷开发项目房屋总建筑面积）×总占地面积

房地产开发企业应在每年的4月、10月征期申报缴纳城镇土地使用税，其中4月征期应以土地总面积扣除截至当年3月31日累计已销售房屋的占地面积为计税依据，计算缴纳上半年应纳的税款；10月征期以土地总面积扣除截至当年9月30日累计已销售房屋的占地面积为计税依据，计算缴纳下半年应纳的税款。

例8-9　《北京市地方税务局关于2007年度征收城镇土地使用税的通告》（京地税地〔2007〕322号）第五条"申报纳税期限"对房地产开发企业开发用地城镇土地使用税进行了规定，《国家税务总局北京市税务局关于修改部分税收规范性文件的公告》（国家税务总局北京市税务局公告2018年第2号）对上述条款进行了修改，修改后的条款内容如下：从2007年1月1日起，对房地产开发企业开发用地征收的城镇土地使用税应在每年的4、10月份征期征收，其中4月份征期应以当年3月31日未售出房屋的占地面积为计税依据，计算缴纳上半年应纳的税款；10月份征期应以当年9月30日未售出房屋的占地面积为计税依据，计算缴纳下半年应纳的税款。

对于房地产开发企业缴纳的开发用地城镇土地使用税，纳税人也可以采取按各月末未售出房屋的**占地面积**为计税依据，计算全年应纳税款，并于下一年度1月31日前到主管地方税务机关办理上一个年度的税款清算。

例8-10　根据2014年《河北省地方税务局关于对地方税有关业务

问题的解答》"十四、房地产企业因商品房的出售而终止其城镇土地使用税纳税义务的时间如何确定",解答如下:

"纳税义务终止时间"应按照《财政部　国家税务总局关于房产税城镇土地使用税有关问题的通知》(财税〔2008〕152 号)第三条"实物或权利状态发生变化的当月末"执行。在实际工作中,终止缴纳的时间按照实物或权利状态发生变化孰先的原则确定,实物移交较早的,按相关移交手续(如将房屋钥匙交付给买受人等情形)办理的日期确定;房产证或土地证等不动产权利许可证照较早的,按证照的签发日期确定。

8.3　印花税

(1)以电子形式签订的各类应税凭证缴纳印花税的规定

国家税务总局北京市税务局"财产和行为热点问题(2023 年 4 月)"对"以电子形式签订的各类应税凭证也需要缴纳印花税吗?"进行答复,具体如下:《中华人民共和国印花税法》所附税目税率表中的"合同"是指"书面合同"。根据《中华人民共和国民法典》对书面合同的规定,以电子形式签订的各类应税凭证需要缴纳印花税。

(2)非应税事项及减免税事项

对于一个企业来说,常见的印花税风险一般为印花税的完整性和准确性风险。

① 完整性风险,是指因对印花税应税行为统计不完整而漏缴印花税的风险。对于该风险,企业要利用信息化手段或其他合理的方式,及时将企业所发生的所有印花税应税行为申报纳税。

② 准确性风险,是指因应税行为划分不准确或把非应税行为误认

为应税行为而造成的计算错误风险。该类风险需要纳税人员有丰富的经验判断或者寻求第三方（比如常年税务顾问）帮助解决。

常见的非应税事项及减免税事项如表 8-1、表 8-2 所示。

表 8-1　非应税事项

序号	非应税凭证	政策依据
1	同业拆借合同	《印花税税目税率表》备注
2	保单质押贷款合同	1.《印花税税目税率表》未列举该类合同。 2. 参考 2022 年 10 月国家税务总局福建税务局关于"保单质押贷款合同是否需要缴纳印花税"的答复，内容如下：若保险公司是属于经国务院银行业监督管理机构批准设立的其他金融机构，保险公司与客户签订的借款合同应按照借款金额的万分之零点五缴纳印花税；若不是银行业金融机构、经国务院银行业监督管理机构批准设立的其他金融机构与借款人签订的借款合同，不征收印花税
3	保理合同	1.《印花税法》未列为印花税的征税范围。 2. 参考国家税务总局河南省税务局 2021 年 6 月关于"基于应收账款转让签订的保理合同需要缴纳印花税吗"的答复，内容如下：保理合同不属于上述列举的印花税征税范围，不需要缴纳印花税
4	再保险合同	《印花税税目税率表》备注
5	人寿保险合同	《印花税税目税率表》未列举该类合同，只包含财产保险合同
6	抵押合同、质押合同	《印花税税目税率表》未列举该类合同
7	保证合同	《印花税税目税率表》未列举该类合同
8	融资性售后回租	内容：在融资性售后回租业务中，对承租人、出租人因出售租赁资产及购回租赁资产所签订的合同，不征收印花税。 依据：《财政部　国家税务总局关于融资租赁合同有关印花税政策的通知》（财税〔2015〕144 号）
9	土地承包经营权转移书据	《印花税税目税率表》产权转移书据明确剔除
10	土地经营权转移书据	《印花税税目税率表》产权转移书据明确剔除
11	管道运输合同	《印花税税目税率表》备注

续表

序号	非应税凭证	政策依据
12	客运合同（旅客运输合同）	《印花税税目税率表》未列举该类合同
13	权利、许可证照	《印花税法》取消原《暂行条例》中的对其征收印花税。 包括政府部门发给的房屋产权证、工商营业执照、商标注册证、专利证、土地使用证等
14	供给终端用户的供水、供电、供气、供热合同	1.《印花税法》未列举的典型合同。 2. 参考江西省税务局 12366 纳税服务平台 2024 年 12 月的答复，内容如下：根据《中华人民共和国印花税法》及所附《印花税税目税率表》，对供给终端用户的供水供电气供热合同不属于印花税征税范围，不需要缴纳印花税；电网与电网之间的电力交易、天然气企业之间天然气的交易行为按照买卖合同申报缴纳印花税
15	电网与用户之间签订的供用电合同	内容：不属于印花税列举征税的凭证，不征收印花税。 依据：《财政部 国家税务总局关于印花税若干政策的通知》（财税〔2006〕162 号）
16	个人书立的动产买卖合同	《印花税税目税率表》备注；个人包括个体工商户
17	监理合同	1.《印花税税目税率表》未列举该类合同。 2. 参考国家税务总局广州市税务局财产和行为税热点问答（二）关于"代理、居间服务、监理、审计、法律咨询等专业服务合同要缴纳印花税吗"的答复，内容如下：代理、居间服务、监理、审计、法律咨询等专业服务合同不属于《印花税税目税率表》列举的应税合同范围，不用缴纳印花税
18	审计业务约定书	1.《印花税税目税率表》未列举该类合同。 2. 参考国家税务总局广州市税务局财产和行为税热点问答（二）关于"代理、居间服务、监理、审计、法律咨询等专业服务合同要缴纳印花税吗"的答复，内容如下：代理、居间服务、监理、审计、法律咨询等专业服务合同不属于《印花税税目税率表》列举的应税合同范围，不用缴纳印花税
19	资产评估业务约定书	1.《印花税税目税率表》未列举该类合同。 2. 参考国家税务总局广州市税务局财产和行为税热点问答（二）关于"代理、居间服务、监理、审计、法律咨询等专业服务合同要缴纳印花税吗"的答复，内容如下：代理、居间服务、监理、审计、法律咨询等专业服务合同不属于《印花税税目税率表》列举的应税合同范围，不用缴纳印花税

续表

序号	非应税凭证	政策依据
20	法律咨询合同	1.《印花税税目税率表》未列举该类合同。 2. 参考金寨县税务局 2023 年 9 月关于"法律咨询合同是否属于印花税征税范围"的答复，内容如下：至于一般的法律、法规、会计、审计等方面的咨询不属于技术咨询，其所立合同不贴印花。 3. 参考国家税务总局广州市税务局财产和行为税热点问答（二）关于"代理、居间服务、监理、审计、法律咨询等专业服务合同要缴纳印花税吗"的答复，内容如下：代理、居间服务、监理、审计、法律咨询等专业服务合同不属于《印花税税目税率表》列举的应税合同范围，不用缴纳印花税
21	物业、安保、保洁合同	1.《印花税税目税率表》未列举该类合同。 2. 参考国家税务总局北京市税务局财产和行为税热点问题（2023 年 6 月）关于"业主和物业公司签订的物业管理合同是否需要缴纳印花税"的答复，内容如下：物业管理合同不属于《印花税税目税率表》所列举应税凭证，不缴纳印花税
22	劳务合同	1.《印花税税目税率表》未列举该类合同。 2. 参考国家税务总局清远市税务局关于"劳务合同和施工合同印花税的计税依据"的答复，内容如下：如果签订的是劳务派遣合同，不属于印花税征税范围，不需要缴纳印花税。 3. 参考国家税务总局天津市税务局 2022 年 10 月关于"跟中介机构的劳务费需要缴纳印花税吗"的答复，内容如下：中介机构劳务合同未在《印花税税目税率表》中列明，不需要缴纳印花税
23	委托代理合同	1.《印花税税目税率表》未列举该类合同。 2. 参考国家税务总局天津市税务局 2022 年 5 月关于"委托代理合同是否要缴纳印花税"的答复，内容如下：在代理业务中，代理单位与委托单位之间签订的委托代理合同，凡仅明确代理事项、权限和责任的，不属于应税凭证，不贴印花。 3. 参考国家税务总局广州市税务局财产和行为税热点问答（二）关于"代理、居间服务、监理、审计、法律咨询等专业服务合同要缴纳印花税吗"的答复，内容如下：代理、居间服务、监理、审计、法律咨询等专业服务合同不属于《印花税税目税率表》列举的应税合同范围，不用缴纳印花税
24	行纪合同、居间合同	1.《印花税税目税率表》未列举该类合同。 2. 参考国家税务总局广州市税务局财产和行为税热点问答（二）关于"代理、居间服务、监理、审计、法律咨询等专业服务合同要缴纳印花税吗"的答复，内容如下：代理、居间服务、监理、审计、法律咨询等专业服务合同不属于《印花税税目税率表》列举的应税合同范围，不用缴纳印花税

续表

序号	非应税凭证	政策依据
25	合伙合同	《印花税税目税率表》未列举该类合同
26	合伙企业收到合伙人的出资额	1.《印花税税目税率表》未列举该类合同。 2. 参考国家税务总局网站 2021 年 9 月关于"合伙企业收到合伙人的出资额，是否需要缴纳资金账簿印花税"的答复，内容如下：合伙企业出资额不计入"实收资本"和"资本公积"，不征收资金账簿印花税
27	人民法院的生效法律文书、仲裁机构的仲裁文书、监察机关的监察文书	《财政部　税务总局关于印花税若干事项政策执行口径的公告》（财政部　税务总局公告 2022 年第 22 号）
28	县级以上人民政府及其所属部门按照行政管理权限征收、收回或者补偿安置房地产书立的合同、协议或者行政类文书	《财政部　税务总局关于印花税若干事项政策执行口径的公告》（财政部　税务总局公告 2022 年第 22 号）
29	总公司与分公司、分公司与分公司之间书立的作为执行计划使用的凭证	《财政部　税务总局关于印花税若干事项政策执行口径的公告》（财政部　税务总局公告 2022 年第 22 号）

表 8-2　减免税事项

序号	应税凭证	减免内容及政策依据
1	个人住房租赁合同	内容：对个人出租、承租住房签订的租赁合同，免征印花税。 依据：《财政部　国家税务总局关于廉租住房、经济适用住房和住房租赁有关税收政策的通知》（财税〔2008〕24 号）；根据《财政部税务总局关于印花税法实施后有关优惠政策衔接问题的公告》（财政部　税务总局公告 2022 年第 23 号）的规定，自 2022 年 7 月 1 日《中华人民共和国印花税法》实施后，财税〔2008〕24 号文件第二条第（二）项继续执行
2	金融机构与小微企业的借款合同	内容：对金融机构与小型企业、微型企业签订的借款合同免征印花税。 依据：《关于支持小微企业融资有关税收政策的公告》（财政部税务总局公告 2023 年第 13 号），本公告执行至 2027 年 12 月 31 日

续表

序号	应税凭证	减免内容及政策依据
3	高校学生公寓租赁合同	内容：对与高校学生签订的高校学生公寓租赁合同，免征印花税。 依据：《财政部　税务总局关于高校学生公寓房产税　印花税政策的通知》（财税〔2019〕14号）
4	农村集体经济组织合同	内容：农村集体经济组织与受托金融机构签订的代管资金委托贷款合同，免征印花税。 依据：《财政部　税务总局关于支持农村集体产权制度改革有关税收政策的通知》（财税〔2017〕55号）
5	书报刊发行单位之间购销合同	内容：书、报、刊发行单位之间，发行单位与订阅单位或个人之间书立的凭证，免征印花税。 依据：《国家税务总局关于印花税若干具体问题的解释和规定》（国税发〔1991〕155号）
6	个人销售或购买住房	内容：对个人销售或购买住房暂免征收印花税。 依据：《财政部　国家税务总局关于调整房地产交易环节税收政策的通知》（财税〔2008〕137号）
7	增值税小规模纳税人、小型微利企业和个体工商户	内容：自2023年1月1日至2027年12月31日，减半征收印花税（不含证券交易印花税）。 依据：《财政部　税务总局关于进一步支持小微企业和个体工商户发展有关税费政策的公告》（财政部　税务总局公告2023年第12号）
8	银行业金融机构、金融资产管理公司处置不良债权以物抵债免征印花税	内容：对银行业金融机构、金融资产管理公司接收、处置抵债资产过程中涉及的合同、产权转移书据和营业账簿免征印花税，对合同或产权转移书据其他各方当事人应缴纳的印花税照章征收。 依据：《财政部　税务总局关于继续实施银行业金融机构、金融资产管理公司不良债权以物抵债有关税收政策的公告》（财政部　税务总局公告2023年第35号），本公告执行期限为自2023年8月1日至2027年12月31日
9	证券交易	内容：1.证券交易印花税对证券交易的出让方征收，不对受让方征收。2.自2023年8月28日起，证券交易印花税实施减半征收。 依据：1.《印花税法》；2.《财政部　税务总局关于减半征收证券交易印花税的公告》（财政部　税务总局公告2023年第39号）
10	国家商品储备单位免征印花税	内容：对商品储备管理公司及其直属库营业账簿免征印花税；对其承担商品储备业务过程中书立的买卖合同免征印花税，对合同其他各方当事人应缴纳的印花税照章征收。 依据：《财政部　税务总局关于继续实施部分国家商品储备税收优惠政策的公告》（财政部　税务总局公告2023年第48号），本公告执行期限为2024年1月1日至2027年12月31日

续表

序号	应税凭证	减免内容及政策依据
11	高校学生公寓租赁合同	内容：1. 对高校学生公寓免征房产税。2. 对与高校学生签订的高校学生公寓租赁合同，免征印花税。 依据：《财政部　税务总局关于继续实施高校学生公寓房产税、印花税政策的公告》（财政部　税务总局公告 2023 年第 53 号），本公告执行至 2027 年 12 月 31 日
12	保险保障基金	内容：对保险保障基金公司下列应税凭证，免征印花税： 1. 新设立的营业账簿； 2. 在对保险公司进行风险处置和破产救助过程中签订的产权转移书据； 3. 在对保险公司进行风险处置过程中与中国人民银行签订的再贷款合同； 4. 以保险保障基金自有财产和接收的受偿资产与保险公司签订的财产保险合同。 对与保险保障基金公司签订上述产权转移书据或应税合同的其他当事人照章征收印花税。 依据：《关于保险保障基金有关税收政策的通知》（财税〔2023〕44 号），本通知执行至 2027 年 12 月 31 日
13	保障性住房	内容：对保障性住房项目建设用地免征城镇土地使用税。对保障性住房经营管理单位与保障性住房相关的印花税，以及保障性住房购买人涉及的印花税予以免征。 在商品住房等开发项目中配套建造保障性住房的，依据政府部门出具的相关材料，可按保障性住房建筑面积占总建筑面积的比例免征城镇土地使用税、印花税。 依据：《财政部　税务总局　住房城乡建设部关于保障性住房有关税费政策的公告》（财政部　税务总局　住房城乡建设部公告 2023 年第 70 号），本公告自 2023 年 10 月 1 日起执行
14	公共租赁住房	内容：1. 对公租房经营管理单位免征建设、管理公租房涉及的印花税。在其他住房项目中配套建设公租房，按公租房建筑面积占总建筑面积的比例免征建设、管理公租房涉及的印花税。2. 对公租房经营管理单位购买住房作为公租房，免征契税、印花税；对公租房租赁双方免征签订租赁协议涉及的印花税。 依据：《关于继续实施公共租赁住房税收优惠政策的公告》（财政部　税务总局公告 2023 年第 33 号），本公告执行至 2025 年 12 月 31 日

序号	应税凭证	减免内容及政策依据
15	《印花税法》规定的 8 种免税事项	内容：1. 应税凭证的副本或者抄本； 2. 依照法律规定应当予以免税的外国驻华使馆、领事馆和国际组织驻华代表机构为获得馆舍书立的应税凭证； 3. 中国人民解放军、中国人民武装警察部队书立的应税凭证； 4. 农民、家庭农场、农民专业合作社、农村集体经济组织、村民委员会购买农业生产资料或者销售农产品书立的买卖合同和农业保险合同； 5. 无息或者贴息借款合同、国际金融组织向中国提供优惠贷款书立的借款合同； 6. 财产所有权人将财产赠与政府、学校、社会福利机构、慈善组织书立的产权转移书据； 7. 非营利性医疗卫生机构采购药品或者卫生材料书立的买卖合同； 8. 个人与电子商务经营者订立的电子订单。 依据：《中华人民共和国印花税法》
16	企业改制重组及事业单位改制有关印花税政策	内容：1. 关于营业账簿的印花税 （1）企业改制重组以及事业单位改制过程中成立的新企业，其新启用营业账簿记载的实收资本（股本）、资本公积合计金额，原已缴纳印花税的部分不再缴纳印花税，未缴纳印花税的部分和以后新增加的部分应当按规定缴纳印花税。 （2）企业债权转股权新增加的实收资本（股本）、资本公积合计金额，应当按规定缴纳印花税。对经国务院批准实施的重组项目中发生的债权转股权，债务人因债务转为资本而增加的实收资本（股本）、资本公积合计金额，免征印花税。 （3）企业改制重组以及事业单位改制过程中，经评估增加的实收资本（股本）、资本公积合计金额，应当按规定缴纳印花税。 （4）企业其他会计科目记载的资金转为实收资本（股本）或者资本公积的，应当按规定缴纳印花税。 2. 关于各类应税合同的印花税 企业改制重组以及事业单位改制前书立但尚未履行完毕的各类应税合同，由改制重组后的主体承继原合同权利和义务且未变更原合同计税依据的，改制重组前已缴纳印花税的，不再缴纳印花税。 3. 关于产权转移书据的印花税 （1）对企业改制、合并、分立、破产清算以及事业单位改制书立的产权转移书据，免征印花税。

续表

序号	应税凭证	减免内容及政策依据
16	企业改制重组及事业单位改制有关印花税政策	（2）对县级以上人民政府或者其所属具有国有资产管理职责的部门按规定对土地使用权、房屋等建筑物和构筑物所有权、股权进行行政性调整书立的产权转移书据，免征印花税。 （3）对同一投资主体内部划转土地使用权、房屋等建筑物和构筑物所有权、股权书立的产权转移书据，免征印花税。 依据：《关于企业改制重组及事业单位改制有关印花税政策的公告》（财政部　税务总局公告 2024 年第 14 号）
17	上市公司国有股权无偿转让	内容：对经国务院和省级人民政府决定或批准进行的国有（含国有控股）企业改组改制而发生的上市公司国有股权无偿转让行为，暂不征收证券（股票）交易印花税。对不属于上述情况的上市公司国有股权无偿转让行为，仍应征收证券（股票）交易印花税。 依据：《国家税务总局关于办理上市公司国有股权无偿转让暂不征收证券（股票）交易印花税有关审批事项的通知》（国税函〔2004〕941 号）
18	股权分置试点改革	内容：股权分置改革过程中因非流通股股东向流通股股东支付对价而发生的股权转让，暂免征收印花税。 依据：《财政部　国家税务总局关于股权分置试点改革有关税收政策问题的通知》（财税〔2005〕103 号）
19	安置住房	内容：对改造安置住房经营管理单位、开发商与改造安置住房相关的印花税以及购买安置住房的个人涉及的印花税予以免征。在商品住房等开发项目中配套建造安置住房的，依据政府部门出具的相关材料、房屋征收（拆迁）补偿协议或棚户区改造合同（协议），按改造安置住房建筑面积占总建筑面积的比例免征城镇土地使用税、印花税。 依据：《财政部　国家税务总局关于棚户区改造有关税收政策的通知》（财税〔2013〕101 号）
20	自由贸易试验区发展离岸贸易	内容：对注册登记在中国（上海）自由贸易试验区及临港新片区的企业开展离岸转手买卖业务书立的买卖合同，免征印花税。 依据：《财政部　税务总局关于在中国（上海）自由贸易试验区及临港新片区试点离岸贸易印花税优惠政策的通知》（财税〔2024〕8 号）

8.4　增值税

① 房地产开发企业（或联合体）拿地后设立项目公司，计算增值税时，其土地价款是否可以在销售额中扣除。

根据《财政部　国家税务总局关于明确金融 房地产开发 教育辅助服务等增值税政策的通知》（财税〔2016〕140 号）第八条规定，房地产开发企业（包括多个房地产开发企业组成的联合体）受让土地向政府部门支付土地价款后，设立项目公司对该受让土地进行开发，同时符合下列条件的，可由项目公司按规定扣除房地产开发企业向政府部门支付的土地价款。

a. 房地产开发企业、项目公司、政府部门三方签订变更协议或补充合同，将土地受让人变更为项目公司；

b. 政府部门出让土地的用途、规划等条件不变的情况下，签署变更协议或补充合同时，土地价款总额不变；

c. 项目公司的全部股权由受让土地的房地产开发企业持有。

② 销售自行开发房地产纳税义务发生时间主要考虑以下几点。

根据《财政部　国家税务总局关于全面推开营业税改征增值税试点的通知》（财税〔2016〕36 号）"第四十五条 增值税纳税义务、扣缴义务发生时间为"第一款规定：

纳税人发生应税行为并收讫销售款项或者取得索取销售款项凭据的当天；先开具发票的，为开具发票的当天。

收讫销售款项，是指纳税人销售服务、无形资产、不动产过程中或者完成后收到款项。

取得索取销售款项凭据的当天，是指书面合同确定的付款日期；

未签订书面合同或者书面合同未确定付款日期的，为服务、无形资产转让完成的当天或者不动产权属变更的当天。

从上述规定来看，纳税义务发生的时间有两种情况。一是如果先开具发票的，不论是否收讫销售款项或者取得索取销售款项凭据，均为开具发票的当天；二是如果没开具发票，前提是纳税人发生应税行为，在此前提下，为纳税人收讫销售款项或者取得索取销售款项凭据的当天。

实物操作中，房地产开发企业如果未开具发票，如何判断"纳税人发生应税行为"这个动作。一般认为房屋交付使用后，与房屋有关的风险报酬已转移，在房地产开发企业将房屋交付给买受人的当天作为应税行为发生的时间。下面以深圳市、安徽省、河北省的政策为例进行了解。

例8-11　《深圳市全面推开"营改增"试点工作指引（之四）—房地产业》第五条"纳税义务发生时间"，明确如下：

房地产开发企业销售自行开发房地产项目的纳税义务发生时间为发生应税行为并收讫销售款项或者取得索取销售款项凭据的当天；先开具发票的，为开具发票的当天。

对房地产开发企业销售房地产开发项目的，以房地产开发企业将不动产交付给买受人的当天作为应税行为发生的时间。交付时间，以《商品房买卖合同》上约定的交房时间为准；若实际交房时间早于合同约定时间的，以实际交付时间为准。

例8-12　《安徽省国家税务总局营改增热点难点问题（房地产）》第十三条"房地产公司销售不动产纳税义务发生时间如何确定？"答复如下：

增值税纳税义务确定的前提是纳税人是否已发生应税行为。对以买卖方式转让的不动产，应对照《商品房买卖合同》上约定的交房时间，房地产开发企业与购买方在合同约定的最迟交房时间之前完成房屋交付手续的，以实际交付时间作为纳税义务发生时间。因房地产开发企业原因造成延迟交房的，以实际交房时间作为纳税义务发生时间；因购买方原因未按合同约定完成不动产交付手续的，以合同约定的最迟交房时间作为纳税义务发生时间。

对以投资、分配利润、捐赠、抵债等方式转让的不动产，房地产开发企业应以不动产权属变更的当天作为纳税义务发生时间。

例8-13 《河北省国家税务局关于全面推开营改增有关政策问题的解答（之二）》"九、关于房地产开发企业销售自行开发的不动产纳税义务发生时间问题"解答如下：

《营业税改征增值税试点实施办法》第四十五条规定，增值税纳税义务发生时间为："纳税人发生应税行为并收讫销售款项或者取得索取销售款项凭据的当天；先开具发票的，为开具发票的当天。"

可见，纳税人发生应税行为是纳税义务发生的前提。房地产公司销售不动产，以房地产公司将不动产交付给买受人的当天作为应税行为发生的时间。交付时间，以《商品房买卖合同》上约定的交房时间为准；若实际交房时间早于合同约定时间的，以实际交付时间为准。

③现房销售是否预缴增值税主要考虑以下几点。

a.从现房定义上来看，根据《商品房销售管理办法》第三条规定，商品房现售是指房地产开发企业将竣工验收合格的商品房出售给买受人，并由买受人支付房价款的行为。一般来说，现房是房地产开发商已办理大产证的房子，购房者在与开发商签订了购房合同之后，就可直接办理产权证并入住。

b.从预缴增值税规定上来看，根据《房地产开发企业销售自行开发的房地产项目增值税征收管理暂行办法》（国家税务总局公告2016 年第 18 号）第十条规定：一般纳税人采取预收款方式销售自行开发的房地产项目，应在收到预收款时按照 3% 的预征率预缴增值税。

c. 从对进项税的影响来看，增值税一般纳税人房地产项目预售阶段按 3% 预征率预缴增值税，是不可以抵扣进项税的；如果现房销售不需要预缴增值税，那么根据所收取的房款计算的销项税额是可以进行进项税额抵扣的。另外，现房销售是否应该预缴增值税是存在争议的，但肯定的是，一定需要缴纳增值税。

从上述以及对销售自行开发房地产纳税义务发生时间主要考虑因素的分析看，现房销售是否应预缴增值税受以下因素影响：

一是在现房销售环节就向客户开具了发票，根据《财政部 国家税务总局关于全面推开营业税改征增值税试点的通知》（财税〔2016〕36 号）"第四十五条 增值税纳税义务、扣缴义务发生时间为"规定：先开具发票的，为开具发票的当天。此时，就应该按照开具发票的金额计算应交增值税，无须预缴。

二是在现房销售环节未向客户开具发票，也未向客户交房（或者说没达到合同约定的交付条件），此时与房屋有关的风险和报酬并未转移。此时，向客户收取的房款具有"预收款"性质，需要预缴增值税。

三是在现房销售环节未向客户开具发票，但已向客户交房使用，此时与房屋有关的风险和报酬已转移。此时，达到了纳税义务发生的时间，应该按照开具发票的金额计算应交增值税，无须预缴。

以上仅是笔者个人观点，具体纳税情况还需根据当地税收政策及具体交易情况而定。

8.5 房产税

因房地产企业的特殊性，对于该类企业来说，面临的房产税问题一般是该税是否应该缴纳。

（1）房地产开发产品是否缴纳房产税

开发产品属于房地产企业的存货，一般用于销售，也会存在自用、出租、出借的情况。本段所说的开发产品不包括作为售楼处、样板间使用的开发产品，工地临时性房屋以及建造临时设施单独作为样板房使用的房屋等。

按照《国家税务总局关于房产税、城镇土地使用税有关政策规定的通知》（国税发〔2003〕89号）"一、关于房地产开发企业开发的商品房征免房产税问题"明确如下：鉴于房地产开发企业开发的商品房在出售前，对房地产开发企业而言是一种产品，因此，对房地产开发企业建造的商品房，在售出前，不征收房产税；但对售出前房地产开发企业已使用或出租、出借的商品房应按规定征收房产税。

例 8-14　国家税务总局安徽省税务局12366咨询热点问题解答（2024年9月）。房地产开发企业开发的商品房售出前是否征收房产税？解答如下：

鉴于房地产开发企业开发的商品房在出售前，对房地产开发企业而言是一种产品，因此，对房地产开发企业建造的商品房，在售出前，不征收房产税；但对售出前房地产开发企业已使用或出租、出借的商品房应按规定征收房产税。文件依据：《国家税务总局关于房产税、城镇土地使用税有关政策规定的通知》（国税发〔2003〕89号）。

（2）售楼处、样板间是否应当缴纳房产税

① 对于以租用他人的房屋作为售楼处、样板间的，按税法规定，房产税的纳税人是指征税范围内的房屋产权所有人。所以，以租用他人房屋作为售楼处、样板间的，房屋产权所有人（一般情况下为出租人）应为房产税的纳税义务人，按规定缴纳房产税；承租人（房地产开发商）以此租用的房屋作为售楼处、样板间，不再缴纳房产税。

② 对于建造临时设施单独作为售楼处、样板房的，房地产开发企业通常通过在建工程、固定资产等科目进行会计核算，并通过折旧的方式计入销售费用科目，一般在售楼结束后进行拆除。该类资产通常需要缴纳房产税。原因如下：

a. 企业建造临时设施单独作为售楼处、样板房满足《财政部、国家税务总局关于房产税和车船使用税几个业务问题的解释与规定》（财税地字〔1987〕3 号）文件中对房产的解释，即房产是以房屋形态表现的财产。房屋是指有屋面和围护结构（有墙或两边有柱），能够遮风避雨，可供人们在其中生产、工作、学习、娱乐、居住或者储藏物资的场所。

b. 对于临时性房屋免征房产税的优惠政策，根据《财政部　国家税务总局关于房产税若干具体问题的解释和暂行法规》（财税地字〔1986〕8 号）"二十一、关于基建工地的临时性房屋，应否征收房产税？"的答复，仅限于在基建工地为基建工地服务的临时性用房免征房产税，而房地产开发企业建造的临时设施单独作为售楼处、样板房不属于该规定的房屋范畴，所以不享受临时性房屋免征房产税的优惠政策。

c. 房地产开发企业为该售楼处、样板房的所有权人，并且自用。

综上，该类资产通常需要缴纳房产税。

③ 对于房地产开发企业将其开发的产品作为售楼处、样板间的，存在两种观点，一种观点认为样板间、售楼处没有实现销售，尚属于企业的产品，根据《国家税务总局关于房产税、城镇土地使用税有关政策规定的通知》（国税发〔2003〕89 号）"一、关于房地产开发企业开发的商品房征免房产税问题"中的"鉴于房地产开发企业开发的商品房在出售前，对房地产开发企业而言是一种产品，因此，对房地产开发企业建造的商品房，在售出前，不征收房产税"的规定，不缴纳房产税。

另一种观点认为样板间、售楼处虽然也属于房地产开发产品，但因房地产开发企业已将其用于接待客户及展示，以促销售，实际上已满足自用的条件。同样根据《国家税务总局关于房产税、城镇土地使用税有关政策规定的通知》（国税发〔2003〕89 号）"一、关于房地产开发企业开发的商品房征免房产税问题"中的"但对售出前房地产开发企业已使用或出租、出借的商品房应按规定征收房产税"的规定，应当缴纳房产税。

以上观点，不同地区的税务管理部门有着不一样的解释，实际业务中要与主管税务机关做好沟通，防止出现税务上的风险。

例 8-15 2023 年 9 月 15 日，国家税务总局广西壮族自治区税务局对纳税人关于"假如在地块建造的楼栋里，建造实体样板间供客户参观，最后也会销售给客户，供客户参观期间，是否缴纳房产税"（受理号：2023091335769756）的问题回复来看，需按房产原值缴纳房产税。具体回复内容如下：

根据《国家税务总局关于房产税城镇土地使用税有关政策规定的通知》（国税发〔2003〕89 号）规定：

鉴于房地产开发企业开发的商品房在出售前，对房地产开发企业而言是一种产品，因此，对房地产开发企业建造的商品房，在售出前，不征收房产税；但对售出前房地产开发企业已使用或出租、出借的商品房应按规定征收房产税。

根据描述该样板间属于售出前已使用的情形，需按房产原值缴纳房产税。

例 8-16　2021 年 4 月 29 日，国家税务总局阳江市江城区税务局回复纳税人关于"房地产企业的样板房是否要交房产税？"（受理号：244000********20037）的问题，根据回复的内容来看，需按缴纳房产税。具体如下：

问：我司是从事房地产开发企业，其中利用本公司开发的几套商品房作为样板房，主要用途是供客户参观。我司的主管税务机关认为我司的样板房是自用，要根据次月开始要交房产税。我司的观点是：1. 依据国税发〔2003〕89 号中第一、关于房地产开发企业开发的商品房征免房产税问题：鉴于房地产开发企业开发的商品房在出售前，对房地产开发企业而言是一种产品，因此，对房地产开发企业建造的商品房，在售出前，不征收房产税。2. 样板房是为销售产品而定制的样板，本身就是广告、推广的性质。3. 客户在买房前，都是要参观的，不仅是样板房，其他的毛坯房的现房销售，也会要参观，如果把参观也认定为使用的话，那几乎所有待售已被参观过房屋都可以认为是使用。4. 如样板房的性质认定为使用，那么，无论是作为居住、办公、商用质性，样板房都是达不到交付标准的。房地产企业的样板房是否要交房产税？依据是什么，使用的范围包括哪里？现恳请国家税务总局广东省税局给我们企业回复，万分感谢！

答：根据《国家税务总局关于房产税　城镇土地使用税有关政策规定的通知》（国税发〔2003〕89 号）第二条第四款规定，房地产企业自用、出租、出借本企业建造的商品房，自房屋使用或交付之次月起计征房产税。样板房作为销售展示用途供客户参观，属于企业自用房产，应征收房产税。

例 8-17 2021 年 1 月 21 日，湖南省税务局回复纳税人关于"房地产开发企业样板房是否需要缴纳房产税"的问题，根据回复的内容来看，不缴纳房产税。具体回复内容如下：

根据《国家税务总局关于房产税 城镇土地使用税有关政策规定的通知》（国税发〔2003〕89 号 ）第一条的规定，鉴于房地产开发企业开发的商品房在出售前，对房地产开发企业而言是一种产品，因此，对房地产开发企业建造的商品房，在售出前，不征收房产税；但对售出前房地产开发企业已使用或出租、出借的商品房应按规定征收房产税。

因此，如果房地产开发企业对于装修的样板房并未实际使用，并最终是要出售，可以按上述文件规定，不缴纳房产税。

（3）工地临时性房屋是否征收房产税

根据《财政部 国家税务总局关于房产税若干具体问题的解释和暂行法规》（财税地字〔1986〕8 号）"二十一、关于基建工地的临时性房屋，应否征收房产税？"的答复，凡是在基建工地为基建工地服务的各种工棚、材料棚、休息棚和办公室、食堂、茶炉房、汽车房等临时性房屋，不论是施工企业自行建造还是由基建单位出资建造交施工企业使用的，在施工期间，一律免征房产税。但是，如果在基建工程结束以后，施工企业将这种临时性房屋交还或者估价转让给基建单位的，应当从基建单位接收的次月起，依照规定征收房产税。

（4）停止使用的开发产品是否缴纳房产税

房地产开发企业对售出前已使用或出租、出借的商品房，按照《国家税务总局关于房产税、城镇土地使用税有关政策规定的通知》

（国税发〔2003〕89 号）规定，应当缴纳房产税。但房地产开发企业自用、出借、行为停止后转为销售，应停止缴纳房产税。

例 8-18　根据《北京市财政局　北京市地方税务局关于房产（城市房地产）税和城镇土地使用税有关政策和征管问题的通知》（京财税〔2003〕2355 号）的规定，对房地产开发企业建成的商品房，仅对售出前使用（含出租、出借）部分征收房产（城市房地产）税和城镇土地使用税；停止使用（含出租、出借）期间，不征收房产（城市房地产）税。

8.6　土地增值税

土地增值税是房地产开发企业面临的一个重要税种，也是税务管理中的重点和难点，如果处理不好，企业将面临较大的税务风险。对于土地增值税有关收入、成本费用的审核，下一章单独进行介绍。本节主要涉及以下问题：

（1）清算单位如何确定？是按项目整体清算还是分期清算

根据《国家税务总局关于房地产开发企业土地增值税清算管理有关问题的通知》（国税发〔2006〕187 号）"一、土地增值税的清算单位"规定，土地增值税以国家有关部门审批的房地产开发项目为单位进行清算，对于分期开发的项目，以分期项目为单位清算。开发项目中同时包含普通住宅和非普通住宅的，应分别计算增值额。

房地产开发企业开发产品满足清算条件后，清算单位通常以《建设工程规划许可证》为准，分期开发的项目需分期清算，企业需与税务机关确认清算单位的划分标准。

（2）土地闲置费是否可在土地增值税清算时扣除

根据《国家税务总局关于土地增值税清算有关问题的通知》（国税函〔2010〕220号）"四、房地产企业逾期开发缴纳的土地闲置费的扣除问题"规定，房地产开发企业逾期开发缴纳的土地闲置费不得扣除。

例8-19 根据《厦门市房地产开发项目土地增值税清算管理办法》（国家税务总局厦门市税务局公告2023年第1号）第二十三条第四款规定，纳税人按照土地出让合同约定分期缴纳土地出让金的利息，计入取得土地使用权所支付的金额。纳税人未按土地出让合同约定缴纳土地出让金等原因交纳的违约金、罚款、滞纳金、利息和因逾期开发支付的土地闲置费等款项，不得计入取得土地使用权所支付的金额和房地产开发成本。

（3）样板间相关处理

在处理样板间相关成本的税务问题时，区分临时样板间和主体内（实体）样板间是非常关键的，因为这直接影响成本的会计处理和税务扣除方式：

① 临时样板间。这类样板间由于是临时搭建的，主要用于销售展示，后期会进行拆除。其建造、装修以及拆除成本一般不计入开发成本中，而是作为销售费用处理，满足资本化条件的，先计入"固定资产"科目，然后通过计提折旧的方式计入当期销售费用。在土地增值税清算时，这部分费用通常不会作为扣除项目，而是作为期间费用列支。

② 主体内（实体）样板间。如果样板间是建在住宅楼内，在销售过程中则需根据销售合同约定交付条件来确定其设计及装修成本是否扣除。具体可分为以下几种情形：

a.销售合同约定精装交付。在确认收入的同时允许其设计、装修费用在开发成本中扣除。与此同时，也需将销售合同交付条件与装修内容进行对比，核实是否存在非交付要求的装修成本。特别注意可移动家具及装饰费用，这部分开支通常不作为开发成本扣除，但具体规定也需结合当地主管税务机关政策口径来执行。

b.销售合同约定毛坯交付。如果销售合同约定为毛坯交付，那么这部分装修费用就不能作为扣除项，因为它并未构成房屋销售的实际成本。同时也需要注意销售合同约定为毛坯房，其精装修部分是否进行拆除，若进行拆除，其装修以及拆除成本一般也不计入开发成本中扣除。

不同情况下，售楼处、样板间的涉税处理详见图 8-1。

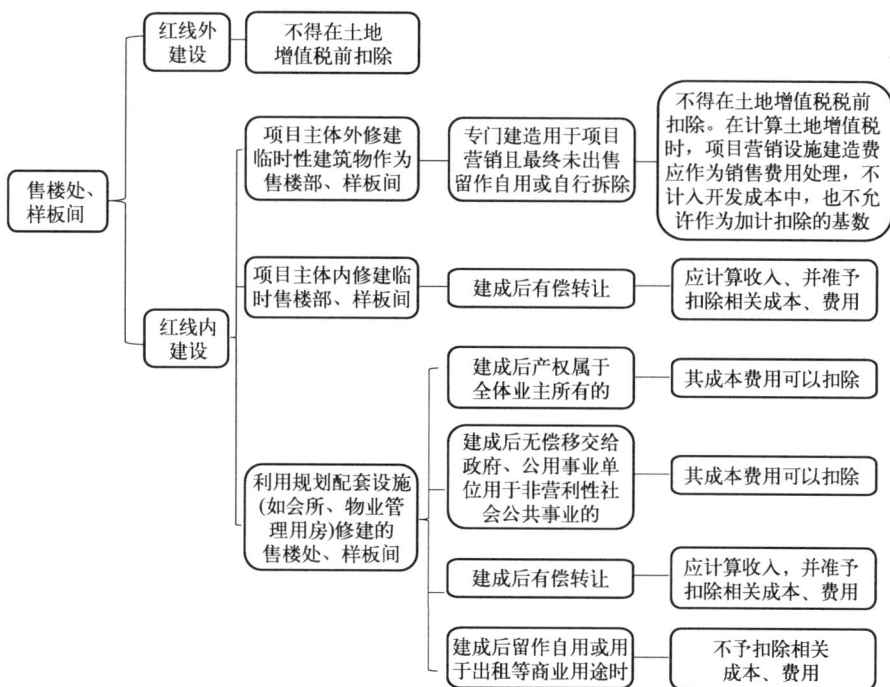

图 8-1 不同情况下售楼处、样板间的涉税处理

（4）房地产开发企业未支付的质量保证金是否可以在土地增值税清算时扣除

根据《国家税务总局关于土地增值税清算有关问题的通知》（国税函〔2010〕220号）"二、房地产开发企业未支付的质量保证金，其扣除项目金额的确定问题"规定，房地产开发企业在工程竣工验收后，根据合同约定，扣留建筑安装施工企业一定比例的工程款，作为开发项目的质量保证金，在计算土地增值税时，建筑安装施工企业就质量保证金对房地产开发企业开具发票的，按发票所载金额予以扣除；未开具发票的，扣留的质保金不得计算扣除。

根据该条款规定，房地产开发企业在项目竣工后，要及时取得施工单位开具的质量保证金发票，避免土地增值税清算无法扣除的风险。

（5）以股权转让方式转让房地产项目是否征收土地增值税

企业间进行股权交易比较普遍，但具有特殊目的的股权转让有可能被认定为不动产转让行为，征收土地增值税。例如，股权转让比例达100%，且这些以股权形式表现的资产主要是土地使用权、地上建筑物及附着物。

例8-20　《国家税务总局关于以转让股权名义转让房地产行为征收土地增值税问题的批复》（国税函〔2000〕687号），认定深圳市能源集团有限公司和深圳能源投资股份有限公司一次性共同转让深圳能源（钦州）实业有限公司100%的股权，应按土地增值税的规定征税。具体批复内容如下：

广西壮族自治区地方税务局：

你局《关于以转让股权名义转让房地产行为征收土地增值税问题的请示》（桂地税报〔2000〕32号）收悉。鉴于深圳市能源集团有限公司和深圳能源投资股份有限公司一次性共同转让深圳能源（钦州）实业有限公司100%的股权，且这些以股权形式表现的资产主要是土地使用权、地上建筑物及附着物，经研究，对此应按土地增值税的规定征税。

国家税务总局

二〇〇〇年九月五日

例 8-21　《国家税务总局关于土地增值税相关政策问题的批复》（国税函〔2009〕387 号），鉴于广西玉柴营销有限公司在 2007 年 10 月 30 日将房地产作价入股后，于 2007 年 12 月 6 日、18 日办理了房地产过户手续，同月 25 日即将股权进行了转让，且股权转让金额等同于房地产的评估值。因此，认为这一行为实质上是房地产交易行为，应按规定征收土地增值税。具体批复内容如下：

广西壮族自治区地方税务局：

你局《关于土地增值税相关政策问题的请示》（桂地税报〔2009〕13 号）收悉。

鉴于广西玉柴营销有限公司在 2007 年 10 月 30 日将房地产作价入股后，于 2007 年 12 月 6 日、18 日办理了房地产过户手续，同月 25 日即将股权进行了转让，且股权转让金额等同于房地产的评估值。

因此，我局认为这一行为实质上是房地产交易行为，应按规定征收土地增值税。

国家税务总局

2009 年 7 月 17 日

例 8-22　《国家税务总局关于天津泰达恒生转让土地使用权土地增值税征缴问题的批复》（国税函〔2011〕415 号），认定天津泰达恒生转让土地使用权征收土地增值税。具体批复内容如下：

天津市地方税务局：

你局《关于天津泰达恒生转让土地使用权土地增值税征缴问题的请示》（津地税办〔2011〕6 号）收悉。

经研究，同意你局关于"北京国泰恒生投资有限公司利用股权转

让方式让渡土地使用权，实质是房地产交易行为"的认定，应依照
《土地增值税暂行条例》的规定，征收土地增值税。

国家税务总局

2011 年 7 月 29 日

例 8-23　湖南省地税局财产和行为税处《关于明确"以股权
转让名义转让房地产"征收土地增值税的通知》（湘地税财行便
函〔2015〕3 号），要求对于控股股东以转让股权为名，实质转让房
地产并取得了相应经济利益的，应比照国税函〔2000〕687 号、国税
函〔2009〕387 号、国税函〔2011〕415 号文件，依法缴纳土地增值
税。具体内容如下：

各市州地方税务局财产行为税科：

据各地反映，以股权转让名义转让房地产规避税收现象时有发生，
严重冲击税收公平原则，影响依法治税，造成了税收大量流失。

总局曾下发三个批复明确"以股权转让名义转让房地产"属于土
地增值税应税行为。

为了规范我省土地增值税管理，堵塞征管漏洞。对于控股股东以
转让股权为名，实质转让房地产并取得了相应经济利益的，应比照国
税函〔2000〕687 号、国税函〔2009〕387 号、国税函〔2011〕415 号
文件，依法缴纳土地增值税。

财产和行为税处

2015 年 1 月 27 日

（6）土地增值税"清算截止日"

根据《关于房地产开发企业土地增值税清算管理有关问题的通知》
（国税发〔2006〕187 号）"五、土地增值税清算应报送的资料"规定，
符合该通知第二条第（一）项规定的纳税人（即满足纳税人应进行土

地增值税的清算条件），须在满足清算条件之日起 90 日内到主管税务机关办理清算手续；符合该通知第二条第（二）项规定的纳税人（即满足主管税务机关可要求纳税人进行土地增值税清算条件），须在主管税务机关限定的期限内办理清算手续。下面以安徽省、海南省、北京市、厦门市为例了解有关政策。

　　例 8-24　以清算申报当日为"清算截止日"：根据《国家税务总局安徽省税务局关于修改〈安徽省土地增值税清算管理办法〉的公告》（国家税务总局安徽省税务局公告 2018 年第 21 号）第二十六条规定，纳税人办理清算时，应以清算申报当日为确认清算收入和归集扣除项目金额的截止时间。

　　例 8-25　以清算申报当日为"清算截止日"：根据《海南省税务局关于修改〈国家税务总局海南省税务局土地增值税清算工作规程〉的公告》（海南省税务局公告 2023 年第 3 号）第十七条规定：纳税人办理清算时，应以清算申报当日为确认清算收入和归集扣除项目金额的截止时间。

　　例 8-26　可以选择某一天为"清算截止日"：根据《北京市地方税务局土地增值税清算管理规程》（北京市地方税务局公告 2016 年第 7 号）第十六条规定，纳税人应以满足应清算条件之日起 90 日内或者接到主管税务机关清算通知书之日起 90 日内的任意一天，确认为清算收入和归集扣除项目金额的截止时间（以下简称清算截止日），并将清算截止日明确告知主管税务机关。

　　例 8-27　可以选择某一天为"清算截止日"：根据《厦门市房地产开发项目土地增值税清算管理办法》（国家税务总局厦门市税务局公告 2023 年第 1 号）第十三条规定，纳税人办理清算申报时，应以满足应清算条件之日起 90 日内或者收到主管税务机关下发的土地增值税清算通知之日起 90 日内的任意一天，为确认清算收入和归集扣除项目金额的截止时间（简称清算截止日）。

房地产开发企业在满足清算条件后，要熟知当地的"清算截止日"，以免超期后，产生应扣除项目金额无法扣除的税务风险。

（7）预提费用是否可以扣除

根据《关于房地产开发企业土地增值税清算管理有关问题的通知》（国税发〔2006〕187号）"四、土地增值税的扣除项目"规定，房地产开发企业的预提费用，除另有规定外，不得扣除。即使是工程质量保证金也有约束条件，见"8.6（4）"。

（8）现房销售需要预缴土地增值税吗

从房地产开发项目的性质来说，土地增值税一般先预缴、后清算。现房销售在未达到《关于房地产开发企业土地增值税清算管理有关问题的通知》（国税发〔2006〕187号）"二、土地增值税的清算条件"的，一般需要先预缴。

在项目清算后，根据《关于房地产开发企业土地增值税清算管理有关问题的通知》（国税发〔2006〕187号）"八 清算后再转让房地产的处理"规定，在土地增值税清算时未转让的房地产，清算后销售或有偿转让的，纳税人应按规定进行土地增值税的纳税申报，扣除项目金额按清算时的单位建筑面积成本费用乘以销售或转让面积计算。

单位建筑面积成本费用 = 清算时的扣除项目总金额 ÷ 清算的
总建筑面积

（9）地下车位如何分摊土地成本

地下车位是否分摊土地成本，一般情况下需考虑地下车位是否计容或者是否可以办理独立产权。在实操中，要与当地主管税务机关做好沟通。

例 8-28　根据《厦门市房地产开发项目土地增值税清算管理办法》（国家税务总局厦门市税务局公告 2023 年第 1 号）第二十三条第九款规定，纳税人签订的土地出让合同、协议中明确规定多个房地产开发项目、不同分期项目、不同房产类型等对应土地价款的，按土地出让合同、协议约定确定对应房地产开发项目、分期项目、房产类型的土地成本。

纳税人签订的土地出让合同、协议对土地价款未作具体约定的，对于同一房地产开发项目有多个分期项目，以及同一分期项目、单一房地产开发项目内有不同房产类型，纳税人可选择按转让土地使用权的面积占总面积的比例计算分摊，或按可售建筑面积计算分摊土地成本。对于不计入容积率的车位等房屋，可不参与土地成本计算分摊。

例 8-29　根据《江苏省地方税务局关于土地增值税若干问题的公告》（苏地税规〔2015〕8 号）第二条规定，土地成本是指取得土地使用权所支付的金额。土地成本仅在能够办理权属登记手续的建筑物及其附着物之间进行分摊。在不同清算单位或同一清算单位不同类型房产之间分摊土地成本时，可直接归集的，应直接计入该清算单位或该类型房产的土地成本；不能直接归集的，可按建筑面积法计算分摊，也可按税务机关认可的其他合理方法计算分摊。

（10）"红线外设施"的建造成本可否在土地增值税中扣除

根据《中华人民共和国土地增值税暂行条例》及实施细则，明确扣除项目包括土地征用及拆迁补偿费、前期工程费、建筑安装工程费、基础设施建设费、公共配套设施费、开发间接费用等，但未直接提及"红线外设施"。

在实际执行层面有两种不同的方式，一种是可以扣除，另一种是不可以扣除。

① 以下情况红线外设施成本可能被允许扣除

a.政府强制要求和与项目直接关联的必要设施。

b.若红线外设施属于土地出让合同或规划条件中明确要求配建的公共设施（如道路、学校、公园等），可视为开发成本扣除。

需提供证明：土地出让合同条款、政府规划文件、建设协议等。

② 不可扣除的常见情形

a.企业自愿承担或商业性投入。如为提升项目价值而主动建设的景观绿化、商业广场等，不属于"必要支出"，不可扣除。

b.与项目无直接关联的设施。例如，跨区域修建的交通设施或非项目专属的公共设施。

③ 企业应对策略

a.事前规划。在土地获取阶段，明确政府要求的配建义务，并在合同中约定红线外设施的责任归属。

b.保留土地出让合同、政府函件、竣工验收文件等，证明建设必要性。

c.税务沟通。提前与主管税务机关沟通，提交专项说明及佐证材料，争取政策适用。

下面通过广州市、山西省、厦门市有关政策进行了解。

例 8-30 根据《广州市地方税务局关于印发 2014 年土地增值税清算工作有关问题的处理指引的通知》（穗地税函〔2014〕175 号）"三、关于项目建设用地红线外支出的扣除总问题"规定，纳税人为取得土地使用权，在项目建设用地红线外为政府建设公共设施或其他工程发生的支出，根据《国家税务总局关于房地产开发企业土地增值税清算管理有关问题的通知》（国税发〔2006〕187 号）第四条第（一）项确定的相关性原则，纳税人如果能提供国土房管部门的协议、补充协议，或者相关政府主管部门出具的证明文件的，允许作为取得土地使用权所支付的金额予以扣除。

例 8-31　《房地产开发企业土地增值税清算管理办法》（山西省地方税务局公告〔2014〕3 号）"第十九条（三）其他建筑安装成本费用的审核"中规定，土地红线外的绿化、修路、配套等支出，不得扣除。

例 8-32　根据《厦门市房地产开发项目土地增值税清算管理办法》（国家税务总局厦门市税务局公告 2023 年第 1 号）第二十三条第五款规定，纳税人为取得国有土地使用权，根据出让合同或协议约定在项目建设用地红线外建设基础设施、公共服务设施等发生的拆迁补偿和工程支出，计入取得土地使用权所支付的金额。

8.7　环保税

在实际工作中，对于房地产开发企业，"纳税人排放应税污染物的当日"是"施工许可证"或"施工合同"上注明的日期，还是实际开工日期？笔者认为应该是实际开工的日期，应向主管税务局提供实际开工的相关证据，比如："工程开工报审表"，如表 8-3 所示。

表 8-3　工程开工报审表

工程开工报审表	资料编号	
工程名称		
致：_____（建设单位） _____（项目监理机构） 我方承担的 _____ 工程，已完成相关准备工作，具备开工条件，申请 ____ 年 ____ 月 ____ 日开工，请准予审批。 施工各单位（盖章） 施工单位项目负责人（签字）： 年　月　日		

续表

审核意见：   项目监理机构（盖章） 总监理工程师（签字，加盖执业印章）： 年　月　日
审核意见：   建设单位（盖章） 项目负责人（签字）： 年　月　日

8.8　企业所得税

（1）开发产品成本预提是否可以计入计税成本

根据《房地产开发经营业务企业所得税处理办法》（国税发〔2009〕31号）第三十二条规定，企业可以合理预提（应付）费用计入开发产品计税成本。其他类别的成本项目则必须实际发生且实际取得合法凭证时，才能计入计税成本。

① 出包工程未最终办理结算而未取得全额发票的，在证明资料充分的前提下，其发票不足金额可以预提，但最高不得超过合同总金额的10%。

需要注意的是，预提的出包工程款，自开发产品完工之日起超过2年仍未支付的，预提的出包工程款全额计入应纳税所得额；以后年度实际发生时按规定在税前扣除。

② 公共配套设施尚未建造或尚未完工的，可按预算造价合理预提建造费用。此类公共配套设施必须符合已在售房合同、协议或广告、模型中明确承诺建造且不可撤销，或按照法律法规规定必须配套建造的条件。

需要注意的是，对售房合同、协议或广告，或按照法律法规及政府相关文件等规定建造期限而逾期未建造的，其预提的公共配套设施建造费用在规定建造期满之日起一次性计入应纳税所得额。未明确建造期限的，在该开发项目最后一个可供销售的成本对象达到完工产品条件时仍未建造的，其以前年度已预提的该项费用应并入当期应纳税所得额。以后年度实际发生公共配套设施建造费用时，按规定在税前扣除。

③ 应向政府上交但尚未上交的报批报建费用、物业完善费用可以按规定预提。物业完善费用是指按规定应由企业承担的物业管理基金、公建维修基金或其他专项基金。

需要注意的是，必须是完工产品应上交的报批报建费用、物业完善费用，同时需提供政府要求上交相关费用的正式文件。除政府相关文件对报批报建费用、物业完善费用有明确期限外，以当地主管税务机关规定的时间为准；超过规定预提期限的，计入应纳税所得额。以后年度实际支付时按规定在税前扣除。

（2）采取预售销售模式，什么时候按实际毛利计算缴纳企业所得税

根据《房地产开发经营业务企业所得税处理办法》（国税发〔2009〕31号）第九条规定，企业销售未完工开发产品取得的收入，应先按预计计税毛利率分季（或月）计算出预计毛利额，计入当期应纳税所得额。开发产品完工后，企业应及时结算其计税成本并计算此前销售收入的实际毛利额，同时将其实际毛利额与其对应的预计毛利额之间的差额，计入当年度企业本项目与其他项目合并计算的应纳税所得额。在年度纳税申报时，企业须出具对该项开发产品实际毛利额与预计毛利额之间差异调整情况的报告以及税务机关需要的其他相关资料。此处的"完工"概念见"6.7.3（2）产品成本的结转"的内容。

例8-33 某房地产企业开发的住宅项目（适用一般计税方法），2×23年实现预售收入10 000万元，预计计税毛利率为15%，期间费用、税金及附加、预交土地增值税共700万元，当年预缴企业所得税200万元；2×24年项目竣工（但未交付使用），与2×23年实现预售收入对应的项目计税成本为8 000万元。假设企业所得税税率为25%。那么，2×24年对2×23年预售实际毛利额与预计毛利额之间差异调整额是多少？

实际毛利额与预计毛利额之间差异调整额 =（10 000-8 000）-

10 000×15%=500（万元）

该调整额计入2×24年应纳税所得额中。

（3）计税成本核算终止日

根据《房地产开发经营业务企业所得税处理办法》（国税发〔2009〕31号）第三十五条规定，开发产品完工以后，企业可在完工年度企业所得税汇算清缴前选择确定计税成本核算的终止日，不得滞后。凡已完工开发产品在完工年度未按规定结算计税成本，主管税务机关有权确定或核定其计税成本，据此进行纳税调整，并按《中华人民共和国税收征收管理法》的有关规定对其进行处理。

按此规定，房地产开发企业需要在完工当年结算计税成本，至次年的 5 月 31 日前选择确定计税成本核算的终止日。

根据《房地产开发经营业务企业所得税处理办法》（国税发
〔2009〕31 号）第三十四条规定，企业在结算计税成本时其实际发生
的支出应当取得但未取得合法凭据的，不得计入计税成本，待实际取
得合法凭据时，再按规定计入计税成本。同时根据该办法第三十二条
规定 [见 8.8（1）开发产品成本预提是否可以计入计税成本] 预提（应
付）费用外，计税成本均应为实际发生的成本。

例 8-34　甲房地产开发公司开发的住宅项目 2×24 年 12 月开工，
于 2×26 年 8 月完工，并于 2×26 年 12 月完成工程结算，工程建设费
用 60 000 万元。甲房地产开发公司 2×24 年当年取得施工方发票 2 000
万元，2×25 年取得发票 20 000 万元，2×26 年取得发票 20 000 万元，
2×27 年 5 月取得发票 10 000 万元，2×27 年 8 月取得发票 8 000 万元，
则甲房地产开发公司 2×26 年及 2×27 年成本预提、成本结算有关的
会计和税务处理如下（假设上述金额不含税）：

① 会计处理

a. 2×26 年结算计税成本，预提成本：

借：开发成本——辅助核算　　　　　　　　　18 000

　　贷：应付账款——暂估——辅助核算　　　18 000

b. 2×26 年结转产品成本：

借：开发产品——辅助核算　　　　　　　　　60 000

　　贷：开发成本——成本结转　　　　　　　60 000

c. 2×27 年 5 月、8 月分别取得发票：

借：应付账款——暂估——辅助核算　　　　　10 000

　　贷：应付账款——辅助核算　　　　　　　10 000

借：应付账款——暂估——辅助核算　　　　　8 000

　　　贷：应付账款——辅助核算　　　　　　8 000

　　② 税务处理。假设计税成本核算的终止日为 2×27 年 5 月 31 日，工程费满足预提最高不得超过合同总金额的 10% 要求。则：

　　2×26 年计入计税成本的金额为 58 000 万元（2 000+20 000+20 000+10 000+600 000×10%）；

　　2×27 年计入计税成本的金额为 2 000 万元（8 000-60 000×10%）。

　　从以上可以看出，会计的处理和税务的处理影响不一样。所以，在项目完工后，企业要抓紧进行结算，并在计税成本核算的终止日前取得发票，以免影响项目成本税前扣除滞后的不利影响。

（4）土地闲置费是否可以在企业所得税前扣除

　　根据《房地产开发经营业务企业所得税处理办法》国税发〔2009〕31 号第二十七条规定：土地征用费及拆迁补偿费。指为取得土地开发使用权（或开发权）而发生的各项费用，主要包括土地买价或出让金、大市政配套费、契税、耕地占用税、土地使用费、土地闲置费、土地变更用途和超面积补交的地价及相关税费、拆迁补偿支出、安置及动迁支出、回迁房建造支出、农作物补偿费、危房补偿费等。

　　从上述可以看出，土地闲置费是可以作为费用在企业所得税前扣除的。

（5）现房销售需要预缴企业所得税吗

　　根据《房地产开发经营业务企业所得税处理办法》（国税发〔2009〕31 号）第九条规定，企业销售未完工开发产品取得的收入，应先按预计计税毛利率分季（或月）计算出预计毛利额，计入当期应纳税所得额。开发产品完工后，企业应及时结算其计税成本并计算此前销售收入的实际毛利额，同时将其实际毛利额与其对应的预计毛利额之间的差额，计入当年度企业本项目与其他项目合并计算的应纳税所得额。

从现房的定义来看，现房属于已完工产品，应该按照实际毛利额计算缴纳企业所得税。

第 9 章

土地增值税审核要点

9.1　土地增值税的特点

① 以转让房地产取得的增值额为征税对象；

② 征税面比较广；

③ 采用扣除法和评估法计算增值额；

④ 实行超率累进税率；

⑤ 实行按次征收。

9.2　基本情况审核

9.2.1　立项审核

（1）清算单位

房地产开发项目应以国家有关部门审批、备案的项目为单位进行日常管理和清算；对于分期开发的项目，以分期项目为清算单位。

（2）审核要点

审批、备案的项目与清算项目是否匹配；分期开发的项目是否按税务机关要求报送材料，并符合分期清算单位。

9.2.2　清算条件审核

（1）应清算情形

① 房地产开发项目全部竣工、完成销售的；

② 整体转让未竣工决算房地产开发项目的；

③ 直接转让土地使用权的。

（2）可清算情形

① 已竣工验收的房地产开发项目，已转让的房地产建筑面积占整个项目可售建筑面积的比例在 85% 以上，或该比例虽未超过 85%，但剩余的可售建筑面积已经出租或自用的；

② 取得销售（预售）许可证满三年仍未销售完毕的；

③ 纳税人申请注销税务登记但未办理土地增值税清算手续的（应在办理注销登记前进行土地增值税清算）；

④ 省（自治区、直辖市、计划单列市）税务机关规定的其他情况。

按照《北京市地方税务局土地增值税清算管理规程》（北京市地方税务局公告 2016 年第 7 号）第十二条要求，将"纳税人申请注销税务登记的房地产开发项目"归类为纳税人"应到"主管税务机关办理土地增值税清算手续类别中。

9.2.3　土地增值税清算纳税申报表

（1）土地增值税清算阶段纳税申报表主表

主要包括：纳税人基本情况、收入、扣除项目、增值额、适用税率、应缴土地增值税税额、减免税额、已缴土地增值税税额、应补（退）土地增值税税额等。具体如表 9-1 所示。

（2）土地增值税清算后尾盘销售纳税申报表

土地增值税清算后尾盘销售纳税申报表如表 9-2、表 9-3 所示。

表 9-1　土地增值税纳税申报表（二）
（从事房地产开发的纳税人清算适用）

税款所属时间：　　年　月　日至　　年　月　日　填表日期：　年　月　日

金额单位：元至角分　　　面积单位：平方米

纳税人识别号　□□□□□□□□□□□□□□□□□□□□

纳税人名称		项目名称		项目编号		项目地址	
所属行业		登记注册类型		纳税人地址		邮政编码	
开户银行		银行账号		主管部门		电话	
总可售面积				自用和出租面积			
已售面积		其中：普通住宅已售面积		其中：非普通住宅已售面积		其中：其他类型房地产已售面积	

项目	行次	金额			
		普通住宅	非普通住宅	其他类型房地产	合计
一、转让房地产收入总额　1=2+3+4	1				
其中　货币收入	2				
其中　实物收入及其他收入	3				
其中　视同销售收入	4				
二、扣除项目金额合计　5=6+7+14+17+21+22	5				
1. 取得土地使用权所支付的金额	6				
2. 房地产开发成本　7=8+9+10+11+12+13	7				
其中　土地征用及拆迁补偿费	8				
其中　前期工程费	9				
其中　建筑安装工程费	10				
其中　基础设施费	11				
其中　公共配套设施费	12				
其中　开发间接费用	13				
3. 房地产开发费用　14=15+16	14				
其中　利息支出	15				
其中　其他房地产开发费用	16				

续表

项目	行次	金额 普通住宅	非普通住宅	其他类型房地产	合计
4. 与转让房地产有关的税金等 17=18+19+20	17				
其中 营业税	18				
城市维护建设税	19				
教育费附加	20				
5. 财政部规定的其他扣除项目	21				
6. 代收费用	22				
三、增值额 23=1-5	23				
四、增值额与扣除项目金额之比 /% 24=23÷5	24				
五、适用税率 /%	25				
六、速算扣除系数 /%	26				
七、应缴土地增值税税额 27=23×25-5×26	27				
八、减免税额 28=30+32+34	28				
其中 减免税（1） 减免性质代码（1）	29				
减免税额（1）	30				
减免税（2） 减免性质代码（2）	31				
减免税额（2）	32				
减免税（3） 减免性质代码（3）	33				
减免税额（3）	34				
九、已缴土地增值税税额	35				
十、应补（退）土地增值税税额 36=27-28-35	36				

以下由纳税人填写：

纳税人声明	此纳税申报表是根据《中华人民共和国土地增值税暂行条例》及其实施细则和国家有关税收规定填报的，是真实的、可靠的、完整的。
纳税人签章	代理人签章 代理人身份证号

以下由税务机关填写：

受理人	受理日期 年 月 日	受理税务机关签章

本表一式两份，一份纳税人留存，一份税务机关留存。

表 9-2　土地增值税纳税申报表（四）
（从事房地产开发的纳税人清算后尾盘销售适用）

税款所属时间：　年　月　日至　年　月　日　　　　　　　　填表日期：　年　月　日

金额单位：元至角分　　　　面积单位：平方米

纳税人识别号　　□□□□□□□□□□□□□□□□□□□□

纳税人名称		项目名称		项目编号		项目地址	
所属行业		登记注册类型		纳税人地址		邮政编码	
开户银行		银行账号		主管部门		电话	

项目	行次	金额			
		普通住宅	非普通住宅	其他类型房地产	合计
一、转让房地产收入总额　1=2+3+4	1				
其中　货币收入	2				
其中　实物收入及其他收入	3				
其中　视同销售收入	4				
二、扣除项目金额合计	5				
三、增值额　6=1-5	6				
四、增值额与扣除项目金额之比 7=6÷5	7				
五、适用税率（核定征收率）	8				
六、速算扣除系数	9				
七、应缴土地增值税税额　10=6×8-5×9	10				
八、减免税额　11=13+15+17	11				
其中　减免税（1）　减免性质代码（1）	12				
其中　减免税（1）　减免税额（1）	13				
其中　减免税（2）　减免性质代码（2）	14				
其中　减免税（2）　减免税额（2）	15				
其中　减免税（3）　减免性质代码（3）	16				
其中　减免税（3）　减免税额（3）	17				

续表

项目	行次	普通住宅	非普通住宅	其他类型房地产	合计
九、已缴土地增值税税额	18				
十、应补（退）土地增值税税额　19=10-11-18	19				

（金额栏表头为"金额"，含普通住宅、非普通住宅、其他类型房地产、合计）

以下由纳税人填写：	
纳税人声明	此纳税申报表是根据《中华人民共和国土地增值税暂行条例》及其实施细则和国家有关税收规定填报的，是真实的、可靠的、完整的。

纳税人签章	代理人签章	代理人身份证号	

以下由税务机关填写：				
受理人		受理日期	年 月 日	受理税务机关签章

本表一式两份，一份纳税人留存，一份税务机关留存。

表 9-3　清算后尾盘销售土地增值税扣除项目明细表

纳税人名称：

税款所属期：自　年　月　日至　年　月　日　　填表日期：　年　月　日

金额单位：元至角分；　　　面积单位：平方米

纳税人识别号　□□□□□□□□□□□□□□□□□□□□

纳税人名称		项目名称		项目编号		项目地址	
所属行业		登记注册类型		纳税人地址		邮政编码	
开户银行		银行账号		主管部门		电话	
项目总可售面积		清算时已售面积		清算后剩余可售面积			

项目	行次	普通住宅	非普通住宅	其他类型房地产	合计
本次清算后尾盘销售的销售面积	1				
单位成本费用	2				—
扣除项目金额合计 3=1×2	3				—

续表

本次与转让房地产有关的营业税		本次与转让房地产有关的城市维护建设税			本次与转让房地产有关的教育费附加	
以下由纳税人填写：						
纳税人声明	此纳税申报表是根据《中华人民共和国土地增值税暂行条例》及其实施细则和国家有关税收规定填报的，是真实的、可靠的、完整的。					
纳税人签章		代理人签章		代理人身份证号		
以下由税务机关填写：						
受理人		受理日期	年 月 日	受理税务机关签章		

表单说明：

1. 本表适用于从事房地产开发与建设的纳税人，在清算后尾盘销售时填报。

2. 项目总可售面积应与纳税人清算时填报的总可售面积一致。

3. 清算时已售面积应与纳税人清算时填报的已售面积一致。

4. 清算后剩余可售面积＝项目总可售面积－清算时已售面积。

5. 本表一式两份，送主管税务机关审核盖章后，一份由税务机关留存，一份退纳税人。

9.3 收入审核

9.3.1 应税收入

① 土地增值税的清算是以清算单位进行的，这里所说的应税收入，是指销售或者转让土地增值税清算单位取得的收入；

② 清算单位取得收入的时间跨度包括整个开发销售过程取得的收入，不仅仅是清算年度的收入；

③ 土地增值税纳税人转让房地产取得的收入为不含增值税收入；

④ 纳税人转让房地产的收入包括转让房地产的全部价款及有关的经济收益。所说的收入包括货币、实物以及其他经济利益，包括抵偿

债务、换取其他单位和个人的非货币性资产等；

⑤ 清算项目不是一般意义上的转让，将开发产品用于职工福利、奖励、对外投资、分配给股东或投资人等，应视同销售确认转让收入。

9.3.2 收入确认规定

（1）一般清算收入确认

国税函〔2010〕220号的规定：土地增值税清算时，已全额开具商品房销售发票的，按照发票所载金额确认收入；未开具发票或未全额开具发票的，以交易双方签订的销售合同所载的售房金额及其他收益确认收入。销售合同所载商品房面积与有关部门实际测量面积不一致，在清算前已发生补、退房款的，应在计算土地增值税时予以调整。

因此，在进行土地增值税清算时，必须注意将发票金额与合同金额进行比对，并按照合同金额进行调整，以避免直接按照发票金额确认收入而少缴纳土地增值税。

（2）视同销售收入确认

国税发〔2009〕91号规定：房地产开发企业将开发产品用于职工福利、奖励、对外投资、分配给股东或投资人、抵偿债务、换取其他单位和个人的非货币性资产等，发生所有权转移时应视同销售房地产，其收入按下列方法和顺序确认：

① 按本企业在同一地区、同一年度销售的同类房地产的平均价格确定；

② 由主管税务机关参照当地当年、同类房地产的市场价格或评估价值确定。

对于纳税人转让房地产的成交价格明显偏低的，税务机关应要求纳税人提供书面说明。若成交价格明显偏低又无正当理由的，税务机关参照上述（2）规定的方法或房地产评估价值确认收入。

例 9-1 某房地产开发公司拖欠施工方工程款 200 万元，2×15年 12 月双方协商，开发商以两套商品房抵顶工程款后解除债权债务关系。该两套商品房的成本价 200 万元，市场价格 220 万元，开发商按照所抵偿的债务额 200 万元作为转让房地产的收入，据以计缴土地增值税。

结论：应按同类市场价 220 万元作为土地增值税转让收入。

房地产开发企业将开发的部分房地产转为企业自用或用于出租等商业用途时，如果产权未发生转移，不征收土地增值税，在税款清算时不列收入，不扣除相应的成本和费用。

（3）审核要点

① 货币收入：现金、银行存款、支票、银行本票、汇票等各种信用票据和国库券、金融债券、企业债券、股票等有价证券情况。

② 实物收入：各种实物形态的收入。如钢材、水泥等建材，房屋、土地等不动产等情况。

③ 其他收入：无形资产收入或其他具有财产价值的权利。如专利权、商标权、著作权、专有技术使用权、土地使用权等情况；与销售统计表是否一致；与销售不动产入库金额是否匹配。

④ 视同销售：将开发产品用于职工福利、奖励、对外投资、分配给股东或投资人、抵偿债务、换取其他单位和个人的非货币性资产等情况；有无需要调整收入部分。

⑤ 其他：销售明细表、房地产销售面积与项目可售面积的数据关联性，以核实计税收入；对销售合同所载商品房面积与有关部门实际

测量面积不一致，而发生补、退房款的收入调整情况进行审核；对销售价格进行评估，审核有无价格明显偏低情况。

9.4　成本审核

9.4.1　房地产开发企业土地增值税扣除项目

①取得土地使用权所支付的金额（买地的钱）。

②房地产开发成本，包括：土地征用及拆迁补偿费、前期工程费、建筑安装工程费、基础设施费、公共配套设施费、开发间接费用。

③房地产开发费用。

④与转让房地产有关的税金。

⑤财政部规定的其他扣除项目。

$$可扣除项目=取得土地成本+房地产开发成本+房地产开发费用+$$
$$与转让房地产有关的税金+其他扣除$$

其中，财政部规定的其他扣除项目为从事房地产开发的纳税人可加计20%的扣除：

$$加计扣除费用=（取得土地使用权支付的金额+$$
$$房地产开发成本）\times20\%$$

9.4.2　扣除项目总体原则

①经济业务应当是真实发生的，且是合法、相关的。

②扣除项目金额中所归集的各项成本和费用，必须实际发生并取得合法有效凭证。合法有效凭证，一般是指：

a.支付给境内单位或者个人的款项，且该单位或者个人发生的

行为属于营业税或者增值税征收范围的，以开具的发票为合法有效
凭证。

b. 支付的行政事业性收费或者政府性基金，以开具的财政票据为
合法有效凭证。

c. 支付给境外单位或者个人的款项，以该单位或者个人的签收单
据为合法有效凭证，税务机关对签收单据有疑义的，可以要求纳税人
提供境外公证机构的确认证明。属于境内代扣代缴税款的，按税务机
关相关规定执行。

d. 财政部、国家税务总局规定的其他合法有效凭证。

③ 纳税人的预提费用，除另有规定外，不得扣除。

④ 扣除项目金额应当准确地在各扣除项目中分别归集，不得
混淆。

⑤ 对同一类事项，应当采取相同的会计政策或处理方法。会计核
算与税务处理规定不一致的，以税务处理规定为准。

⑥ 纳税人分期开发房地产项目的，各分期项目清算方式与扣除项
目金额计算分摊方法应当保持一致。

⑦ 纳税人支付的罚款、滞纳金、资金占用费、罚息以及与该类款
项相关的税金和因逾期开发支付的土地闲置费等罚没性质款项，不允
许扣除 。

9.4.3　土地成本

（1）取得土地使用权所支付的金额（买地的钱）

取得土地使用权所支付的金额（买地的钱）指纳税人为取得土地
使用权支付的地价款和按国家规定缴纳的有关费用之和。

房地产开发企业为取得土地使用权所支付的契税，应视同"按国

家统一规定交纳的有关费用"，计入"取得土地使用权所支付的金额"
中扣除。（国税函〔2010〕220号《关于土地增值税清算有关问题的通
知》第五条）

房地产开发企业因容积率调整等原因补缴的土地出让金及契税，
准予扣除。

（2）审核要点

① 地价款出让金与《出让（转让）合同》金额是否一致；与支付
凭证是否一致；凭证是否合规；是否存在未支付部分；是否存在逾期
开发的闲置费等费用。

② 同一宗土地有多个开发项目，是否予以分摊，分摊办法是否合
理、合规，具体金额的计算是否正确。

③ 是否存在将房地产开发费用计入取得土地使用权支付金额的
情形。

④ 契税与土地出让金是否对应；凭证是否合规；是否存在应退未
退问题。

9.4.4　房地产开发成本

房地产开发成本指纳税人房地产开发项目实际发生的成本，包括
土地征用及拆迁补偿费、前期工程费、建筑安装工程费、基础设施费、
公共配套设施费、开发间接费用等。

（1）土地征用及拆迁补偿费

① 土地征用及拆迁补偿费包括土地征用费、耕地占用税、劳动力
安置费及有关地上、地下附着物拆迁补偿的净支出、安置动迁用房支
出等。

② 审核要点：

a. 是否存在将房地产开发费用计入土地征用及拆迁补偿费的情形。

b. 被拆迁地址是否在宗地内。

c. 安置房对象是否与被拆迁人一致。

d. 用建造的房地产安置回迁户的，安置用房是否按视同销售处理，并按照《国家税务总局关于房地产开发企业土地增值税清算管理有关问题的通知》（国税发〔2006〕187 号）第三条第一款规定确认收入，同时将此确认为房地产开发项目的拆迁补偿费；房地产开发企业支付给回迁户的补差价款，是否计入拆迁补偿费；回迁户支付给房地产开发企业的补差价款，是否抵减本项目拆迁补偿费。

e. 采取异地安置，异地安置的房屋属于自行开发建造的，房屋价值按《国家税务总局关于房地产开发企业土地增值税清算管理有关问题的通知》（国税发〔2006〕187 号）第三条第一款的规定计算，是否计入本项目的拆迁补偿费；异地安置的房屋属于购入的，是否以实际支付的购房支出计入拆迁补偿费。

f. 安置动迁用房支出是否合理；是否提供相应凭证。

g. 拆迁补偿费是否实际发生，尤其是支付给个人的拆迁补偿款、拆迁（回迁）合同和签收花名册或签收凭证是否一一对应。

（2）前期工程费

① 前期工程费包括规划、设计、项目可行性研究和水文、地质、勘察、测绘、"三通一平"等支出。

② 审核要点：

a. 委托其他单位进行规划、设计、项目可行性研究和水文、地质、勘察、测绘的，提供服务的单位应当符合相关法律、法规的要求。提供服务的单位必须具有合法合规的资质，形式上来说，按照有关主管部门的规定，需要登记、备案、领受执照的，必须具备这些形式要件。

如天价设计、咨询费，以中国城市规划协会《城市规划设计计费指导意见》作为城市规划设计单位计算和收取规划设计费的参考依据。

b. 是否真实发生，是否存在虚列情形。

c. 是否将房地产开发费用计入前期工程费。

d. 多个（或分期）项目共同发生的前期工程费是否按项目合理分摊。

e. 与清算项目是否匹配。

（3）建筑安装工程费

① 建筑安装工程费指以出包方式支付给承包单位的建筑安装工程费，以及自营方式发生的建筑安装工程费。

② 审核要点：

a. 与清算项目是否匹配。

b. 建筑安装发票是否在项目所在地税务机关开具，相关发票的真实性和所载金额的准确性，所提供建筑安装工程费与其施工方登记的建安项目开票信息是否保持一致。

c. 发生的费用是否与决算报告、审计报告、工程结算报告、工程施工合同记载的内容相符。

d. 房地产开发企业自购建筑材料时，自购建材费用是否重复计算扣除项目。

e. 参照当地当期同类开发项目单位平均建安成本或当地建设部门公布的单位定额成本，验证建筑安装工程费支出是否存在异常。

f. 房地产开发企业采用自营方式自行施工建设的，有无虚列、多列施工人工费、材料费、机械使用费等情况。

g. 是否存在工程水电费列支。

h. 销售已装修的房屋，其发生的装修费用是否满足计入开发成本的条件。

销售已装修房屋，应当在《房地产买卖合同》或补充合同中明确约定。没有明确约定的，其装修费用不得计入房地产开发成本。上述装修费用不包括纳税人自行采购或委托装修公司购买的家用电器、可移动家具、日用品、可移动装饰用品（如窗帘、装饰画等）所发生的支出。

销售已装修的房屋时，随房屋一同出售的家具、家电，如果安装后不可移动，成为房屋的组成部分，并且拆除后影响或丧失其使用功能的，如整体中央空调、户式小型中央空调、固定式衣柜橱柜等，其外购成本计入开发成本予以扣除。

在清算单位以外单独建造样板房的，其建造费用、装修费用不得计入房地产开发成本。在清算单位内装修的样板房并作为开发产品对外转让的，且《房地产买卖合同》明确约定装修价值体现在转让价款中的，其发生的合理的样板房装修费用可以计入房地产开发成本。

i.工程竣工验收后，根据合同约定扣留的质量保证金，是否在清算截止日已取得发票；未取得发票的，扣留的质保金不得计算扣除。

j.扰民费、遮光费情况。

k.竣工后的修缮、装修费用情况。

（4）基础设施费

① 基础设施费包括开发小区内道路、供水、供电、供气、排污、排洪、通信、照明、环卫、绿化等工程发生的支出。

② 审核要点：

a.是否真实发生，是否存在虚列情形。

b.是否将房地产开发费用计入基础设施费。

c.多个（或分期）项目共同发生的基础设施费，是否按项目合理分摊。

d. 小区内道路是否在红线范围内。

e. 供水有无单项费用列支较大情况。

（5）公共配套设施费

① 公共配套设施包括纳税人开发建造的与清算项目配套的居委会和派出所用房、会所、停车场（库）、物业管理场所、变电站、热力站、水厂、文体场馆、学校、幼儿园、托儿所、医院、邮电通信、人防等为公共事业建造，不可销售的公共设施。按以下原则处理：

a. 建成后产权属于全体业主所有的，其成本、费用可以扣除。

b. 建成后无偿移交给政府、公用事业单位用于非营利性社会公共事业的，其成本、费用可以扣除。

c. 建成后有偿转让的，应计算收入，并准予扣除成本、费用。

d. 纳税人未移交的公共配套设施转为企业自用或用于出租等商业用途时，不予扣除相应的成本、费用。

② 审核要点：

a. 公共配套设施的界定是否准确，公共配套设施费是否真实发生，有无预提的公共配套设施费情况。

b. 是否将房地产开发费用计入公共配套设施费。

c. 多个（或分期）项目共同发生的公共配套设施费，是否按项目合理分摊。

d. 是否有移交手续。

e. 是否属于规划项目。

f. 有偿转让的是否记为收入。

（6）开发间接费用

① 开发间接费用指直接组织、管理开发项目发生的费用，包括工

资、职工福利费、折旧费、修理费、办公费、水电费、劳动保护费、周转房摊销等。行政管理部门、财务部门或销售部门等发生的管理费用、财务费用或销售费用以及企业行政管理部门（总部）为组织和管理生产经营活动而发生的管理费用不得列入开发间接费。

开发间接费用与纳税人的期间费用应按照现行企业会计准则或企业会计制度的规定分别核算。划分不清、核算混乱的期间费用，全部作为房地产开发费用扣除。

② 审核要点：

a. 是否存在将企业行政管理部门（总部）为组织和管理生产经营活动而发生的管理费用计入开发间接费用的情形。

b. 开发间接费用是否真实发生，有无预提开发间接费用的情况，取得的凭证是否合法有效。

c. 是否按照正列举扣除；"其他"项是否按明细填报。

9.4.5 房地产开发费用

① 房地产开发费用是指与房地产开发项目有关的销售费用、管理费用、财务费用。分两种情况确定扣除：

a. 能够按转让房地产项目计算分摊利息支出，并能提供金融机构证明的，允许据实扣除，但最高不能超过按商业银行同类同期贷款利率计算的金额。

其允许扣除的房地产开发费用为：利息＋（取得土地使用权所支付的金额＋房地产开发成本）×5%。

b. 纳税人不能按转让房地产项目计算分摊利息支出或不能提供金融机构贷款证明的，其允许扣除的房地产开发费用为：（取得土地使用权所支付的金额＋房地产开发成本）×10%。全部使用自有资金，没有利息支出的，按照本条扣除。

另外，利息的上浮幅度按国家的有关规定执行，超过上浮幅度的部分不允许扣除。

② 审核要点：

a. 是否将利息支出从房地产开发成本中调整至开发费用。

b. 分期开发项目或者同时开发多个项目的，其取得的一般性贷款的利息支出，是否按照项目合理分摊。

c. 利用闲置专项借款对外投资取得收益，其收益是否冲减利息支出。

d. 能按转让房地产项目计算分摊利息支出，并能够提供金融机构证明的，按房地产开发费用＝利息支出据实＋其他房地产开发费用5%扣除的，是否正确。利息支出最高不能超过按商业银行同类贷款利率计算的金额。

e. 不能按转让房地产项目计算并分摊利息支出或不能够提供金融机构证明的，是否按取得土地使用权所支付的金额和房地产开发成本计算的金额之和的10%以内计算扣除。

f. 既向金融机构借款，又有其他借款的，费用扣除情况。

g. 超过贷款期限的利息和加罚的利息，不允许扣除。

h. 对于企业之间的借款等支付的利息不允许扣除。

9.4.6　与转让房地产有关的税金

① 只有与转让房地产项目有关的税金才可以在计算土地增值税的增值额时作为扣除项目扣除。

② 审核要点：

a. 城建及附加逻辑关系是否正确。

b. 印花税：转让房地产时缴纳的印花税的缴纳和扣除是否正确，

其他印花税应列入管理费用，不允许在税金中重复扣除。

9.4.7 财政部确定的其他扣除项目

① 其他扣除项目为从事房地产开发的纳税人可加计20%的扣除：

$$加计扣除费用 =（取得土地使用权支付的金额 +$$
$$房地产开发成本）×20\%$$

② 审核要点：

a. 加计范围是否符合规定。

b. 是否存在投资入股情况，适用政策是否准确。

c. 是否存在享受免税政策情况，适用政策是否准确。

9.5 代收费用的审核

① 对于县级及县级以上人民政府要求纳税人在售房时代收的各项费用，如果计入房价中向购买方一并收取的，可作为转让房地产所取得的收入计税；如果代收费用是在房价之外单独收取的，可以不作为转让房地产的收入。

对于代收费用作为转让收入计税的，在计算扣除项目金额时，可予以扣除，但不允许作为加计20%扣除的基数；对于代收费用未作为转让房地产的收入计税的，在计算扣除项目金额时不允许扣除代收费用。

② 审核要点：

a. 代收费用是否计入房价并向购买方一并收取。

b. 当代收费用计入房价时，审核有无将代收费用计入加计扣除以及房地产开发费用计算基数的情形。

9.6 增值额及税率审核

① 增值额是根据审核后的收入减去扣除项目金额后的余额。根据增值额与扣除项目金额的比例（增值率），确定适用的税率，并按照四级超率累进税率计算应缴纳的土地增值税税额。

② 审核要点：

a. 审核增值额计算是否准确。

b. 审核适用增值率是否正确。